Zu diesem Buch

Hier sind sie wieder – Vater und Sohn aus der so überaus erfolgreichen Kurzhörspielserie «Papa, Charly hat gesagt ...» Und aufgeweckter denn je konfrontiert der elfjährige Sohn im sechsten Band (früher erschienen: rororo Taschenbücher Nr. 1849, 4071, 4363, 4645 und 5139) den geplagten Herrn Papa mit allen Fragen, die ihm selbst, seinem Freund Charly und Charlys Vater zu denken geben; Fragen, deren Antworten «Papa» zu kennen glaubt, was aber meistens ein Irrtum ist. Mit kindlicher Logik führt der Sohn den Vater immer wieder aufs Glatteis und läßt ihn dabei über so manches liebgewordene Denkklischee stolpern. Und auch «Mama», die zwar im Hintergrund bleibt, begehrt doch manchmal zur Genugtuung des Sohnes gegen das allzu einfache Weltbild des Vaters auf – ganz wie Charly und Charlys siebzehnjährige Schwester.

Aber zur Ehrenrettung des Vaters muß gesagt sein, daß er immer bereit ist, sich mit seinem wißbegierigen Sohn auseinanderzusetzen, so sehr es ihm auch mißfällt, daß der Sohn in Charlys Arbeiterfamilie ein und aus geht, wo der Junge vieles aufschnappt, das nach der Meinung des Vaters eigentlich noch gar nichts für seine Ohren ist. Und was den Leser dieser witzig-bissigen Dialoge nachdenklich macht, geht letzten Endes ja vielleicht auch an «Papa» nicht ganz spurlos vorüber ...

Ursula Haucke, von der die Beiträge in diesem Band stammen, lebt als freie Schriftstellerin in ihrer Heimatstadt Berlin und arbeitet für den Rundfunk, Fernsehen und das Theater. Großen Erfolg hatte sie auch mit ihrem Buch «Ich hab dir hundertmal gesagt» (rororo Nr. 4953), das «Heitere Erziehungstips zum Ernstnehmen» enthält.

«Papa, Charly hat gesagt ...»

Gespräche zwischen Vater und Sohn
von Ursula Haucke

Band 6

rororo

Rowohlt

Nach einer Idee von Klaus Emmerich
und Ingrid Hessedenz
Umschlagbild: Hans Traxler
Umschlagtypographie: Manfred Waller

26.–40. Tausend Juni 1985

Originalausgabe
Veröffentlicht im Rowohlt Taschenbuch Verlag GmbH,
Reinbek bei Hamburg, Mai 1985

Redaktion Dietlind Kaiser

Satz Bembo (Linotron 202)
Gesamtherstellung Clausen & Bosse, Leck
Printed in Germany
580-ISBN 3 499 15545 1

Inhalt

Wir wollen wieder redlich sein –
und wer fängt an? 7
Was kostet die Liebe? 12
Wann darf der Bürger mündig sein? 18
Teure Gerechtigkeit 23
Wie sich die Leichen gleichen 28
Respekt auf Vorschuß? 33
Kultur ist zum Hingucken 39
Gesten, Zeichen, Traditionen ... 45
Der richtige Trend 49
Der Zeitgeist 54
Investitionsprobleme 60
Freundestreue 66
Selten so gelacht ... 71
Sag mir, wo die Feinde sind 76
Probleme – und wie man sie nicht löst 82
Verantwortungs-Los 87
Natürlicher Kreislauf? 92
Wie erkennt man schwarze Schafe? 98
Eigentlich wär's ja ganz normal ... 103
Eigentum macht stabil 108
Abgucken reicht nicht 114
Wer bin ich? 119
Verpuffte Energien 125
Schwein oder Nichtschwein 130
Woher nehmen und nicht stehlen ... 136
Prozentrechnung 142
Giftmischereien 147
Hören oder Hinhören? 152

Wir wollen wieder redlich sein – und wer fängt an?

SOHN: Papa, Charly hat gesagt, sein Vater hat gesagt, er möchte wissen, wann das mal richtig erklärt wird – das mit der neuen Moral.

VATER: Was?

SOHN: Ja! Wir sollen doch alle eine neue Moral kriegen; hast du das nicht mitbekommen?

VATER: Was ich mitbekommen habe ist sicherlich ein bißchen mehr als das, was Charlys Vater mitbekommen hat. Das mal gleich vorweg!

SOHN: Dann ist's ja gut. Charlys Vater kann sich da nämlich nichts Richtiges drunter vorstellen, sagt er. Unter der neuen Moral.

VATER: Es handelt sich ja überhaupt nicht um eine «neue Moral», es handelt sich schlicht um eine ... Rückbesinnung auf alte, traditionelle Werte.

SOHN: Keine Moral?

VATER: Das sind ja moralische Werte, diese alten Tugenden, die wiederbelebt werden müssen.

SOHN: Was denn für Tugenden?

VATER: Zum Beispiel ... Fleiß, Bescheidenheit, Anstand, Redlichkeit – um nur mal einige zu nennen.

SOHN: Also – auf «Fleiß» ist Charlys Vater auch schon gekommen, aber er sagt, das wird schwierig.

VATER: Ach?! Und warum?

SOHN: Wegen der Arbeitslosigkeit. Weil, wer keine Arbeit hat, der kann doch gar nicht fleißig sein.

VATER: Nicht in seinem Beruf natürlich, das ist schon richtig. Aber zu tun gibt es in dieser Welt immer etwas.

SOHN: Was denn?

VATER: Nun, man kann ... seine Wohnung renovieren, alles streichen, Regale bauen – was weiß ich. Trübsinnig vor dem Fernseher braucht keiner zu sitzen.

SOHN: Wenn man aber so fleißig seine Wohnung streicht und so was, dann haben die richtigen Handwerker ja wieder nichts zu tun. Wie sollen die denn dann fleißig sein?

VATER: Das war ja nur ein Beispiel von vielen, halt dich daran nicht fest; und außerdem, wenn man von Fleiß redet, dann meint man natürlich in erster Linie die, die im Arbeitsprozeß stehen.

SOHN: Aber Charlys Vater sagt, wenn die, die Arbeit haben, plötzlich alle wie wild ranklotzen, dann reicht die Arbeit ja wieder nicht für alle! Und dann müssen sie welche entlassen.

VATER: Nun hör mal auf, dich um anderer Leute Fleiß zu kümmern, ja? Mir würde es völlig genügen, wenn du mal ein bißchen fleißiger in der Schule wärst und bessere Arbeiten schreiben würdest. Damit würdest du ja wohl keinem schaden!

SOHN: Doch, klar! Dem Uwe, der mir Nachhilfe in Mathe gibt. Der braucht das Geld nämlich ganz nötig, weil er ...

VATER: ... also, das führt nun wirklich zuweit. Vielleicht darf Mama auch keine Pullover mehr für mich stricken, weil sie damit die Textilindustrie schädigt, wie?

SOHN: Dafür kauft sie ja die Wolle. Die muß ja auch verkauft werden.

VATER: Na, da hab ich ja noch mal Glück gehabt ...
Pause.

SOHN: Und was ist nun mit «Bescheidenheit?»

VATER: Was soll damit sein?

SOHN: Du hast doch gesagt, die gehört auch zu den alten Tugenden.

VATER: Das liegt ja wohl klar auf der Hand; Bescheidenheit will sagen: Nicht beständig alles haben wollen, nicht dauernd nur Ansprüche stellen, auch mit weniger zufrieden sein.

SOHN: Wer soll mit weniger zufrieden sein?

VATER: Alle, versteht sich. Alle könnten ihre Ansprüche etwas herunterschrauben!

SOHN: Du meinst ... weniger trinken, weniger rauchen, weniger essen ...

VATER: ... weniger essen verlangt nun wirklich keiner. Aber vielleicht weniger anspruchsvoll, auch hier. Muß ja nicht immer gleich ein Steak sein, die Boulette tut's ja auch.

SOHN: Und was wird mit den Steaks?

VATER: Mit welchen Steaks?

SOHN: Na, mit denen, die beim Fleischer rumliegen. Solln die da verstinken?

VATER: Da ... werden sie schon irgendwas mit machen.

SOHN: Hm.

VATER: Um aber mal ein anderes Beispiel für überzogene Ansprüche zu nennen: Vielleicht braucht ja nicht jeder Student unbedingt ein Auto. Vielleicht wird da mal etwas konsequenter aufs Fahrrad umgestiegen! Wozu haben wir denn überall die teuren Fahrradwege?

SOHN: Und wer kauft dann die Autos?

VATER: Die, die ihre Fahrradzeit schon eine Weile hinter sich haben. Aber dann vielleicht auch nicht alle zwei Jahre ein neues oder größeres Auto.

SOHN: Da wird sich Mama aber freuen!

VATER: Worüber?

SOHN: Daß wir unser altes Auto noch behalten. Die kann das nämlich so gut leiden!

VATER: In … äh … in unserem Fall geht das nicht. Ich hab das neue Auto schon bestellt …

SOHN: Schade. – Und was können wir sonst machen mit unseren Ansprüchen? Daß die weniger werden?

VATER: Das kann ich dir sagen: Du könntest mal ein bißchen weniger telefonieren und nicht bei jedem Quark gleich die halbe Klasse anrufen!

SOHN: Aber das steht doch überall auf den Plakaten.

VATER: Was?

SOHN: Daß man mehr telefonieren soll. «Ruf doch mal an» steht da!

VATER: Gegen «mal» hat ja auch keiner was. Die Post will ja auch leben.

SOHN: Aber was könnten die Leute denn sonst weniger machen? Weniger Miete zahlen?

VATER: Nein, das nun bestimmt nicht! Die Mieten werden steigen.

SOHN: Wieso denn? Wenn die Hausbesitzer nun auch weniger Ansprüche haben?

VATER: Das hat nichts mit Ansprüchen zu tun, sondern mit Umverteilung von Kosten. Aber das führt jetzt zu weit …

SOHN: Aber mit dem Anstand, das führt nicht zu weit, oder?

VATER: Mit welchem Anstand?

SOHN: Na, der da auch in dieser Erneuerung drin ist.

VATER: … der geistigen und moralischen Erneuerung, richtig.

SOHN: Und was denkst du, was das heißt?

VATER: Ach, dazu ist Charlys Vater wohl gar nichts eingefallen, wie?

SOHN: Doch. Der hat was gesagt von Rittern und Löwen und Haien. Und von Kisten.

VATER: Wie bitte?

SOHN: Ja. Von ... Konjunkturrittern und Baulöwen und ... Miethaien! Und Bestechungskisten!

VATER: Das ist wieder mal typisch. Immer sich da aufregen, wo sein Verstand nicht hinreicht!! Vielleicht denkt er mal lieber an die unzähligen täglichen Überfälle auf arme, verschreckte Kassiererinnen und alte Omas im Park! Und an die Legionen von Ladendieben, Zechprellern und Schwarzfahrern! Das schlägt zu Buche, wenn es um die Moral in einem Land geht. Von unten muß nämlich die Festigung der Wertbegriffe kommen, aus der Hefe des Volkes!

SOHN: Wer ist denn Hefe?

VATER: Das ist ... darunter versteht man die breite Masse des Volkes.

SOHN: Hefe braucht man doch zum Kuchenbacken.

VATER: Ja eben. Die Hefe braucht man, damit der Kuchen gelingt, aufgeht und groß wird.

SOHN: Und wer will sich mit dieser ... dieser Hefe des Volkes einen großen Kuchen backen?

VATER: Also, ich will ja damit nur sagen: Auf die große Mehrheit der Bevölkerung kommt es an, wenn geistig-moralische Werte wieder zählen sollen. Da muß sich was bewegen, da muß man hingucken! Nach unten!

SOHN: Aber wenn man immer nach unten guckt, dann ...

VATER: ... was ist dann??

SOHN: ... dann können die oben ja machen, was sie wollen!

Was kostet die Liebe?

SOHN: Papa, Charly hat gesagt, seine Schwester hat gesagt, Liebe muß es umsonst geben!

VATER *unkonzentriert*: Was soll's jetzt schon wieder umsonst geben?

SOHN: Liebe!

VATER: Liebe? Liebe gibt's ja wohl immer umsonst ... oder was will Charlys Schwester hier subventioniert haben? Also, ich denke, dieses Thema beenden wir kommentarlos.

SOHN: Aber Charlys Schwester meint doch gerade, daß Liebe nichts kosten darf – sozusagen.

VATER: Ich hab's gehört: Liebe zum Nulltarif; was immer sie damit meint.

SOHN: Sie meint, jeder Mensch will um seiner selbst willen geliebt werden!

VATER: «Um seiner selbst willen»! Na so was! – Und das hält sie für eine echt affengeile Erkenntnis, wie?

SOHN: Na, hör mal, Papa ...

VATER: Ist doch wahr! Sonst immer die größte Kodderschnauze, und plötzlich so eine aufgesetzte Wichtigkeit! Weswegen sollte ein Mensch denn geliebt werden, wenn nicht «um seiner selbst willen?» Um seiner Großmutter willen bestimmt nicht!

SOHN: Nee, aber vielleicht, weil er immer ganz artig macht, was man ihm sagt!

VATER: Das ist ja wohl keine so falsche Methode – das zu tun, was andere freut, wie? Oder glaubst du, jemand wird einen besonders gern haben, wenn man immer genau das Gegenteil von dem macht, was von einem erwartet wird?

SOHN: Also, Papa, du bringst einen richtig raus! Das ist doch alles ganz anders ...

VATER: Von wem ist überhaupt die Rede? Von Kindern?

SOHN: Ja. Weil's da anfängt. Und weil die ja noch gar nicht richtig checken, was mit ihnen passiert.

VATER: Dafür «checken» die Eltern dann um so deutlicher, was passiert! Wenn die Kinder nämlich nicht tun, was man ihnen sagt, und wenn es dann kracht und splittert und brennt!

SOHN: Du tust ja, als ob alle Kinder ihren Eltern das Haus anzünden!

VATER: Wenn die Eltern nicht pausenlos Anordnungen geben würden, dann würde auch dauernd was passieren. Du hast ja auch schon unseren Papierkorb in Brand gesetzt, weil du wieder mal ...

SOHN: ... und bei dir hat der Weihnachtsbaum gebrannt!

VATER: Was heißt «bei mir?» Bin ich vielleicht allein für unseren Weihnachtsbaum verantwortlich?

SOHN: Is ja gut. So was ist ja sowieso immer nur aus Versehen. Jedenfalls – Charly sagt, seine Schwester sagt, Liebe darf nich nur so 'ne Art Belohnung sein, weil man irgendwas Bestimmtes macht. Weil – dann macht man ja gar nich mehr das, was man wirklich will.

VATER: Also, was die Kinder angeht, die machen ja nun reichlich oft das, was sie wollen. Und nicht das, was die Eltern ihnen gesagt und geraten haben. Und die Eltern lieben sie trotzdem immer weiter.

SOHN: Meinst du?

VATER: Ja, natürlich.

SOHN: Und warum sagen sie das den Kindern dann nich?

VATER: Wie stellst du dir das denn vor?! Soll ich vielleicht zu dir sagen: Heute bleibst du mal schön zu Hause und schreibst deinen Aufsatz, aber falls du nicht gehorchst und trotzdem zu Charly rennst, keine Sorge, ich liebe dich trotzdem?!

SOHN: Nee! So natürlich nich. Ich mein ja nich so 'n bißchen Gehorchen mit Schularbeiten und so. Ich meine so ganz wichtige Sachen. Wie bei Anja zum Beispiel.

VATER: Wer ist Anja?

SOHN: Na, die aus meiner Klasse, die so toll Schlittschuh läuft. Hab ich dir doch schon erzählt.

VATER: Ach ja, ich weiß. Und was ist nun mit ihr?

SOHN: Die will das nich mehr. Diese Schinderei immerzu. Die kann echt keine Eisbahn mehr sehn, sagt sie!

VATER: Dann muß sie's eben lassen.

SOHN: Sie traut sich aber nich. Weil ihre Mutter so tut, als ob sie dann am liebsten gar kein Kind gekriegt hätte!

VATER: Das ist ja schon wieder eine maßlose Übertreibung...

SOHN: Gar nich. Du müßtest mal sehn, wie die Mutter Anja anguckt, wenn die sagt, sie is heute zu schlapp zum Laufen. Dann rechnet sie ihr gleich vor, wieviel die Trainerstunden kosten!

VATER: Abgesagte Stunden sind ja auch immer recht ärgerlich. Und trotzdem wird auch diese Mutter nicht aufhören, ihr Kind zu lieben, selbst wenn es in Zukunft auf dem Fußballfeld herumtrampeln sollte, anstatt zierlich über das Eis zu schweben!

SOHN: Glaub ich nich.

VATER: Dann kann ich dir auch nicht helfen.

SOHN: Anja glaubt das aber auch nich. Und diese ganzen Turnmädchen glauben das bestimmt erst recht nich.

VATER: Welche Turnmädchen?

SOHN: Na, die sich da an den Barren und Balken rumquälen müssen. Mit doppeltem Salto und alles – damit sie bloß 'n Preis kriegen!

VATER: Na, zugegeben, das ist schon ein äußerst hartes

Training. Aber andererseits kann ja niemand diese Kinder zwingen.

SOHN: Klar kann man die zwingen! Wenn die immer gesagt kriegen, daß sie bloß keinen enttäuschen sollen! Und daß sie keiner mehr liebt, wenn sie nich weitermachen?

VATER: Nun sei nicht schon wieder so dramatisch, mein Gott!

SOHN: Das ist aber dramatisch! Charlys Schwester sagt, das is wie im Raubtierkäfig. So mit Zuckerbrot und Peitsche!

VATER: Also: erst mal fressen Raubtiere keinen Zucker, zweitens wird beim Sport nicht gepeitscht und drittens haben Kinder im Gegensatz zu Tieren einen Mund! Genügt dir das?

SOHN: Wenn sie sich nich trauen, nützt ihnen der Mund doch nichts. – Also echt, Papa, glaubst du, irgendein Kind würde von allein sechzehn Stunden lang durch so einen blöden Kanal schwimmen?! Das wollen doch bloß die Erwachsenen!

VATER: Läßt du mal langsam ein bißchen Luft ab?

SOHN: Charlys Schwester sagt, das läuft alles bloß über Liebesentzug!

Der Vater stöhnt laut.

Und wenn man auf dieser Schiene erst mal ist, sagt sie, dann geht das immer so weiter.

VATER: Wie weiter?

SOHN: Dann macht man vielleicht 'n Beruf, den man gar nich will – und heiratet 'n Typ, den man gar nich will, und ist nett zu Leuten, die man nich leiden kann ... all so was. Weil man eben denkt, daß man sich Liebe verdienen muß. Sagt Charlys Schwester.

VATER: Und ich sage dir, daß das alles blühender Unsinn

ist. Und ich wiederhole noch mal: Die Natur hat es mit Vorbedacht so eingerichtet, daß Eltern ihre Kinder bis ins Grab lieben – auch wenn sie sie ständig enttäuschen!

SOHN: Und warum sind die Eltern enttäuscht?

VATER: Sie sind dann enttäuscht, wenn die Kinder sich nicht so entwickeln und verhalten, wie sie gehofft haben.

SOHN: Und warum hoffen die Eltern immerzu was?

VATER: Weil der Mensch ohne Hoffnung nicht leben kann, deswegen.

SOHN: Und warum warten sie nich einfach ab, was die Kinder so machen?

VATER: Weil das keine Basis für eine wie immer geartete Erziehung wäre!

SOHN: Hm. – Aber Kinder erziehen an ihren Eltern nie rum.

VATER: Das hätte auch noch gefehlt! Eltern sind für gewöhnlich erwachsene und fertige Menschen. An denen hat keiner mehr rumzuerziehen.

SOHN: Macht ja auch keiner.

Pause.

Papa? – Papa, ich muß dir was sagen ...

VATER: Was denn? Hast du was angestellt??

SOHN: Nö. Ich hab mich bloß abgemeldet ...

VATER: Wo abgemeldet?

SOHN: Beim Geigenunterricht.

VATER: Das ist doch ... eine unglaubliche Eigenmächtigkeit! Wozu, glaubst du, hab ich dir ... Und du warst doch völlig damit einverstanden, Geige spielen zu lernen! Und ins Schulorchester zu gehen!

SOHN: War ich ja auch. Aber Papa, es klingt so gräßlich!

VATER: Was? Geigespielen klingt gräßlich?

SOHN: Wie ich spiele, das klingt so gräßlich! Nicht zum Aushalten, echt!

VATER: Dann übe gefälligst so lange, bis es besser klingt!

SOHN: Das kann ich mir eben nich vorstellen, daß das mal besser klingt.

Schweigen.

Bist du jetzt sauer auf mich, Papa?

VATER: Ja, was erwartest du denn? Sag doch mal bitte selbst, was ich jetzt mit dir machen soll! Wie?

SOHN: Dasselbe, was ich mit dir mache ...

VATER: Was soll das heißen?

SOHN: Du kannst ja auch nich Geige spielen – und ich liebe dich trotzdem!

Wann darf der Bürger mündig sein?

SOHN: Papa, Charly hat gesagt, sein Vater hat gesagt, «bißchen mündig» geht eigentlich nicht!

VATER: Wie bitte? Was geht nicht?

SOHN: «Bißchen mündig.» Weil das genauso ist wie 'n bißchen schwanger.

VATER: Na, nun spar dir mal solche dummen Vergleiche!

SOHN: Warum? Weil ich noch nicht mündig bin?

VATER: Weil dieser Vergleich unpassend ist, deshalb.

SOHN: Aber stimmen tut er trotzdem. Weil ... also entweder ist man mündig oder nicht, oder?

VATER: Wenn du die gesetzliche Mündigkeit meinst, hast du recht. Ansonsten wird kein Mensch behaupten können, daß sich Achtzehnjährige mehrheitlich wie mündige Bürger verhalten.

SOHN: Können sie ja auch gar nicht.

VATER: Sie könnten schon, sie wollen bloß meistens nicht.

SOHN: Manchmal sollen sie ja auch gar nicht!

VATER: Warum sollten sie nicht sollen? Natürlich sollen sie!

SOHN: Aber nicht immer! Charlys Vater sagt, mal sollen die Bürger mündig sein und mal lieber wieder nicht. Je nachdem, worum's geht!

VATER: Sag mal lieber nicht «worum», sondern «nach wem» es geht! Und wenn's nach Charlys Vater geht, dann ist doch nur der mündig, der ständig alles besser weiß!

SOHN: Und wenn's nach dir geht?

VATER: Nach meinem – und nach allgemeinem! – Verständnis, ist ein «mündiger Bürger» jeder, der vernünftig und reif genug ist zu wissen, was für ihn richtig oder falsch ist, und der dann jeweils seine freie Entscheidung trifft.

SOHN: Immer kann er die aber nicht treffen, die freie Entscheidung.

VATER: Jede freie Entscheidung hat natürlich ihre Grenzen dort, wo sie anderen schadet. Das versteht sich ja wohl von selbst.

SOHN: Manchmal darf man aber auch ganz mündig entscheiden, und es schadet trotzdem!

VATER: Ja, einem selbst vielleicht. Keine Macht der Welt kann einen Menschen davor bewahren, sich durch seine eigene Entscheidung zu schaden!

SOHN: Andern darf man auch schaden – wenn man gerade mal mündig sein darf.

VATER: Also, mein Lieber, du fängst mal wieder an zu faseln ...

SOHN: Gar nicht! Nimm doch mal die Autorennen. Die sind doch erlaubt, oder?

VATER: Natürlich sind sie erlaubt! Oder denkst du, die kann man heimlich veranstalten?

SOHN: Na bitte! Und da kann der mündige Bürger rumrasen, und andere mündige Bürger können zugucken, und wenn dann vielleicht ein Auto in sie reinrast, und wenn ...

VATER: Wenn, wenn, wenn! Nun hör bloß auf. Dergleichen hat nichts mit «mündig» zu tun, sondern mit dem Recht jedes Menschen auf sein eigenes Lebensrisiko! Anderenfalls müßte ja auch das Skifahren verboten werden oder das Klettern in den Bergen!

SOHN: Aber Skifahren und Klettern ist doch gesund – wenn nichts passiert.

VATER: Eben.

SOHN: Und Autorennen?

VATER: Die sind vielleicht nicht in dem Maße «gesund», aber sie tragen offensichtlich zur Lebensfreude der Menschen bei.

SOHN: Aber nich für die, die den Krach haben und den Gestank.

VATER: Ja nun – wenn jemand den ganzen Tag Klavier übt oder dauernd Fischsuppe kocht, trägt er auch nicht gerade zur Lebensfreude der Nachbarn bei! Das ist nun mal so im menschlichen Zusammenleben. Da müssen die Interessen abgewogen werden, anders geht's nicht. Und in einem freiheitlichen Staat wird dem Bürger soviel eigene Entscheidung zugestanden wie nur irgend möglich.

SOHN: Das findet der Minister auch.

VATER: Welcher?

SOHN: Weiß ich nicht mehr. Aber der hat gesagt, jeder ist ein mündiger Bürger und kann selbst entscheiden, ob er gucken will oder nicht.

VATER: Wohin gucken??

SOHN: Auf die hundert Fernsehprogramme, die's bald geben soll.

VATER: Nun bleib mal auf dem Teppich, ja? Hundert Programme ...

SOHN: Jedenfalls viel, viel mehr als jetzt!

VATER: Das hört sich schon anders an ...

SOHN: Und wenn die Leute dann bloß noch glotzen von einem Kanal auf den andern, dann ...

VATER: ... sie müssen ja nicht! Auch für seine eigene Verblödung ist der Mensch selbst verantwortlich, Herrgott noch mal!

SOHN: Aber wenn dann immer mehr Leute verblöden –

glaubst du, das gefällt dem Minister? Weil sie dann vielleicht nicht mehr auf die Politik aufpassen?

VATER: Also: Erstens gibt's ja auch jede Menge politischer Sendungen im Fernsehen, oder? Und zweitens kann keiner Regierung der Welt daran gelegen sein, daß ihre Bürger zu ... zu stumpfen Objekten permanenter Fernsehberieselung verkommen!

SOHN: Aber gemacht werden die trotzdem, die tausend Programme, weil man ein mündiger Bürger ist, nicht?

VATER: Wenn du noch lange weiterredest, wirst du bei einer Million landen!

SOHN: Und dann wird kein Mensch mehr mit seinen Kindern Mühle spielen!

VATER: Mühle spielen! Als ob das die einzige Alternative zum Fernsehen wäre ...

SOHN: Oder «Mensch-ärgere-dich-nicht» – oder was. Charlys Vater hat gesagt, das steht schon in der Statistik. Daß immer weniger Spiele gespielt werden. Und in zwanzig Jahren – steht da – kennt kein Mensch mehr «Mensch-ärgere-dich-nich». Höchstens noch 'n alter Opa!

VATER: Das sind doch reine Spekulationen. – Abgesehen davon ... ich kann mir Schlimmeres vorstellen als den Verlust von Mensch-ärgere-dich-nicht. Konnte ich noch nie leiden ...

SOHN: Hast ja auch immer verloren ...

VATER: Immer überhaupt nicht!

SOHN: Na ja. – Ich kann mir auch Schlimmeres vorstellen.

VATER: Na also.

SOHN: Aber bei den schlimmen Sachen, da ist man ja gerade wieder kein mündiger Bürger. Da soll man lieber wieder unmündig sein, sagt Charlys Vater ...

VATER: Wovon redest du jetzt?

SOHN: Von den Raketen zum Beispiel. Da darf keiner frei entscheiden, daß er die nich haben will.

VATER: Mit derartigen – existentiellen – Entscheidungen ist der einzelne Bürger auch überfordert.

SOHN: Is ja gar kein «einzelner Bürger». Sind ja die meisten.

VATER: Wie viele es auch sein mögen, sie haben nicht den nötigen Überblick.

SOHN: Wieso denn nich? Steht doch alles in der Zeitung, was passiert, wenn einer plötzlich den wilden Mann macht, und ...

VATER: Also paß mal auf, der nächste wilde Mann, der dir begegnet, das werde ich sein! Wenn du nicht sofort mit diesem Thema aufhörst!

SOHN: Bitte, hör ich eben auf. – Aber wenn so 'n giftiges Kraftwerk losgeht, da darf auch keiner mündig sein und mitreden! Auch wenn alles immer schlimmer wird ... mit den Bäumen und mit den Kindern, die ...

VATER: ... mit den Kindern wird es allerdings immer schlimmer! Und ehe das für mich gesundheitsschädigend wird, werde ich dich aus dem Zimmer schicken, verstanden? Weil ich nämlich – im Gegensatz zu dir – voll mündig bin und mich frei entscheiden kann, klar?!

Kleine Pause.

SOHN: Klar. Als Vater bist du voll mündig.

VATER: Du sagst es.

SOHN *schadenfroh*: Aber als Bürger bist du auch bloß mündig, wenn du darfst!

Teure Gerechtigkeit

SOHN: Papa, Charly hat gesagt, sein Vater hat gesagt, bei Geld hört die Gerechtigkeit auf!

VATER: Dieser Satz ist erstens unverständlich und zweitens falsch.

SOHN: Du verstehst den Satz nicht?

VATER: Nein.

SOHN: Und woher weißt du dann, daß er falsch ist?

VATER: Weil ich mir – ungeachtet der unverständlichen Formulierung – schon denken kann, welches Klagelied Charlys Vater anstimmen will!

SOHN: Und wie geht das Klagelied?

VATER: Das geht etwa so: «O Welt, o schlimme, ungerechte Welt, in der es Arme gibt und Reiche!»

SOHN: Reimt sich ja gar nicht.

VATER: Was denn nun noch? Reimt sich nicht ... Aber den Sinn hab ich ja wohl getroffen.

SOHN: Nee, glaub ich nich. Weil Charlys Vater gesagt hat, daß alle Menschen gleich sein sollen. Bei uns.

VATER: Vor dem Gesetz, ja! Vor dem Gesetz sind alle Menschen gleich; aber doch nicht im Hinblick auf den Inhalt ihres Portemonnaies!

SOHN: Meint er ja, vor dem Gesetz. Aber das haut ja grade nich hin.

VATER: Wo haut es – angeblich – nicht hin?

SOHN: Zum Beispiel, wenn einer was gemacht hat, wo er vielleicht ins Gefängnis muß.

VATER: Was heißt «vielleicht»? Entweder er muß oder er

muß nicht, und das stellt sich im Prozeß heraus. Und zwar ohne Ansehen der Person!

SOHN: Manchmal muß man aber schon vor dem Prozeß ins Gefängnis, sagt Charlys Vater. Wenn die denken, man hat 'n dickes Ding gedreht.

VATER: Bei vermuteten schweren Straftaten wird Untersuchungshaft angeordnet, sehr richtig. Damit die Verdächtigen nicht noch vor dem Prozeß das Weite suchen.

SOHN: Aber die reichen Leute brauchen da nich rein, in diese Haft, sagt Charlys Vater. Die zahlen einfach 'ne Million oder so – und dann können sie in ihrer Villa bleiben.

VATER: Dann spielt Charlys Vater wohl auf die Möglichkeit einer Kautionsstellung an.

SOHN: Ja, spielt er.

VATER: Nun ja – das mag auf den ersten Blick vielleicht etwas ungerecht aussehen; aber eine hohe Geldsumme ist eben eine Garantie dafür, daß der Verdächtigte nicht weglaufen wird. Und dann braucht man ihn auch nicht einzusperren – zumal er ja auch unschuldig sein kann.

SOHN: Aber wenn einer kein Geld hat, kann er doch auch unschuldig sein.

VATER: Ja doch. Theoretisch ist jeder so lange unschuldig, bis er verurteilt ist. Aber wenn jemand in Untersuchungshaft genommen wird, geht man wohl eher davon aus, daß er nicht unschuldig ist.

SOHN: Und von den Reichen nimmt man das nicht an?

VATER: Von ihnen nimmt man an, daß ... sie nicht so hohe Kautionen stellen würden, wenn sie sich nicht unschuldig fühlen würden! Im übrigen wird auch nicht jede Kaution angenommen. Und einen Prozeß gibt's schließlich auf jeden Fall!

SOHN: Aber bis der Prozeß losgeht, haben sie es ganz gemütlich zu Hause. Wegen dem vielen Geld.

VATER: So gemütlich werden sie es auch nicht haben –

angesichts einer Verhandlung, die vielleicht in allen Zeitungen Schlagzeilen macht.

SOHN: Aber die wissen wenigstens, daß sie 'nen ganz berühmten, teuren Anwalt haben werden, die Reichen ...

VATER: Ja doch! Es bestreitet ja auch kein Mensch, daß mit Geld manches leichter ist im Leben!

SOHN: Leichter kann's ja ruhig sein. Bloß nicht ungerecht.

VATER: Es ist nicht ungerecht, jemanden gegen Kaution auf freiem Fuß zu lassen, sondern – auch für den Staat – günstiger. Wollen wir jetzt alles noch mal wiederholen?

SOHN: Nee, dann kommen wir ja gar nicht zu den andern Sachen.

VATER: Andere Sachen auch noch ... na schön. Also?

SOHN: Charlys Vater sagt, mit dem Studieren geht das jetzt auch viel besser, wenn man 'ne Menge Geld hat.

VATER: Bei der Vergabe von Studienplätzen wird ja wohl das Einkommen der Eltern nicht berücksichtigt – was soll das also?

SOHN: Aber jetzt gibt's doch Privat-Unis. Und da können die Reichen dann studieren. Kostet 5000 Mark jedes Semester. Sagt Charlys Vater.

VATER: Na und? Das müßte er doch gerade gerecht finden, daß die Reichen nicht auch noch umsonst studieren! Sieh es doch mal von der Seite!

SOHN: Für die Studenten ist es aber doch ungerecht, weil, die armen Studenten haben nachher 40000 Mark Schulden oder so – wenn sie fertig sind –, weil sie das Studieren bloß gepumpt kriegen!

VATER: Sie bekommen ein Darlehen, das sie nach und nach zurückzahlen müssen. Na und? Dann sind sie wenigstens motiviert, in ihrem Beruf auch was zu leisten und Geld zu verdienen!

SOHN: Du meinst, die sind nachher besser in ihrem Beruf? Als die von der teuren Uni?

VATER: Ich habe nicht gesagt «besser», sondern «motivierter». Sie nehmen ihren Beruf vielleicht besonders ernst, weil sie Opfer für ihn gebracht haben.

SOHN: Ach so. Verstehe. – Dann müßte man eigentlich immer erst fragen – wenn da ein neuer Arzt ist, ob der reich oder arm studiert hat, wie? Damit man weiß, ob er alles richtig ernst nimmt ...

VATER: Das kann ja jeder halten, wie er will ...

SOHN: Weil die Reichen vielleicht ihre Arbeiten auch gar nicht selber geschrieben haben, nich?

VATER: Was ist das nun wieder?

SOHN: Weil doch immer Anzeigen in den Zeitungen stehen, daß man sich seine Examensarbeiten schreiben lassen kann, für Geld!

VATER: Solche Anzeigen hab ich noch nicht gelesen. Wer weiß, in welch dubiosen Zeitungen Charlys Vater sie gefunden hat ...

SOHN: Die stehen immer in der «Welt am Sonntag». Hat er mir gezeigt. Und das geht ganz diskret und vertraulich – steht da – mit den Arbeiten.

VATER: Läßt sich denken ...

SOHN: Weil's verboten ist?

VATER: Natürlich ist das verboten, sich von anderen seine Examens- oder Doktorarbeiten schreiben zu lassen!

SOHN: Und warum erlaubt dann die Zeitung solche Anzeigen?

VATER: Weil ein Verleger nicht auch noch jede Anzeige lesen kann. Der Verleger – wie er selbst einmal gesagt hat – ist zwar durchaus bemüht, «bei all seinen äußeren Erfolgen keinen Schaden an seiner Seele zu nehmen», aber er kann andererseits auch das freiheitliche Prinzip nicht verletzen!

SOHN: Das ist freiheitliches Prinzip, wenn man was Verbotenes macht?

VATER: Der Verleger macht ja nichts Verbotenes. Er stellt

es – sozusagen – jedem frei, das Richtige oder das Falsche zu tun. Und wer dann etwas Falsches tut, der macht das auf eigene Verantwortung und auf eigenes Risiko!

SOHN: Ach, so ist das ...

VATER: Ja, so ist das. Niemand kann einen erwachsenen Menschen daran hindern, gegen Vorschriften oder Gesetze zu verstoßen. Das kann nicht einmal der Staat, wie man weiß ...

SOHN: Aber der Staat kann die Leute dann bestrafen.

VATER: Das kann er, und das tut er auch. Denn vor dem Gesetz sind alle gleich.

SOHN: Aber hinter dem Gesetz wird ganz schön rumgeschoben, wie?!

Wie sich die Leichen gleichen

SOHN: Papa, Charly hat gesagt, sein Vater hat gesagt, die sollten mal einen Leichenzähler anstellen!

VATER: Einen Leichenzähler? Was kommt denn da schon wieder für ein Unsinn auf mich zu ...

SOHN: Gar kein Unsinn. Die würden nämlich selber ganz schön staunen, was da bei uns zusammenkommt jeden Tag!

VATER: Was gibt's denn da zu staunen? Menschen werden geboren und Menschen sterben; und jeder Todesfall wird amtlich registriert. Und damit auch gezählt.

SOHN: Ich mein doch nicht die Menschen, die in echt sterben! Ich mein doch die Fernsehleichen. In den Filmen!

VATER: Dann sag das doch gleich! Daß du das auch nicht lernst ...

SOHN: Jedenfalls – Charly und ich und Sabine, wir haben mal einen ganzen Abend lang die Fernsehtoten gezählt, und ...

VATER: Moment mal – willst du sagen, ihr habt bis in die Nacht vor dem Fernseher gehockt und sämtliche Krimis, Thriller und Gruselfilme angesehen? Und wo? Bei uns kann sich das ja nicht abgespielt haben!

SOHN: Jeder hat natürlich bei sich zu Hause geguckt; und jeder ein andres Programm. Sonst wär's ja gar nicht gegangen.

VATER: Bis zum Sendeschluß? Dir haben wir das mit Sicherheit nicht erlaubt!

SOHN: Ach, Papa, jetzt mach doch nicht soviel Wind ...

das war am Sonnabend, und ihr wart irgendwo eingeladen.

VATER: Dann weiß ich ja wenigstens, was du treibst, wenn wir mal einen Abend außer Haus sind. Das werde ich mir merken ...

SOHN: Anders hätten wir die Leichen doch nicht rausgekriegt. Und jetzt rate mal, wieviel das waren. An einem Abend!

VATER: Interessiert mich wirklich nicht. Also ... wie viele waren es?

SOHN: Siebenundzwanzig! Siebenundzwanzig Leichen an einem einzigen Abend!

VATER: Na ja ... da habt ihr eben gerade einen schlechten Tag erwischt. War bestimmt ein Western dabei, wie?

SOHN: So was Ähnliches, ja. Aber, Papa, wir haben nicht mal die Vormittags- und Nachmittagssendungen angeguckt!

VATER: Das hätte ich auch zu verhindern gewußt, worauf du dich verlassen kannst!

SOHN: Kann man ja sowieso nicht aushalten, soviel Fernsehen. Und deswegen müßten sie eben einen Leichenzähler anstellen. Oder eigentlich drei; nein, eigentlich neun – damit die sich ablösen können.

VATER: Ja, ja ... Und nun rate du mal, warum dieser so unerhört spannende Beruf noch nicht erfunden ist!

SOHN: Weil er zu gruselig ist.

VATER: Weil kein Mensch an dem Ergebnis interessiert ist. Deswegen.

SOHN: Charlys Vater sagt aber, darüber muß man echt nachdenken. Warum die einen so mit Leichen füttern!

VATER: Vielleicht kontrollierst du deine Ausdrucksweise mal ein bißchen, ja? Mit Leichen füttern ... Menschen sind doch keine Aasgeier!

SOHN: Aber warum machen die denn lauter Filme mit Erschießen und Erstechen und Erwürgen und ...

VATER: ... das weiß ich auch nicht! Wahrscheinlich geht man davon aus, daß solche Filme eben spannend sind.

SOHN: Ist es denn bloß spannend, wenn jemand umgebracht wird?

VATER: Dumme Frage – natürlich nicht. Man kann Spannung auf vielerei Weise erzeugen. Das weißt du doch von den Kinderfilmen her. Da geht es zum Beispiel darum, ob ein Kind, das sich verlaufen hat, wieder nach Hause findet, ob es in einem Wettbewerb siegt oder ob es eine Dummheit wieder gutmacht. Das alles ist spannend.

SOHN: Aber nur für Kinder, was?

VATER: Durchaus nicht. Die Grundprobleme sind bei Erwachsenen auch nicht viel anders.

SOHN: Dann brauchen sie doch gar nicht soviel Leichen zu machen – wenn andere Sachen auch spannend sind.

VATER: Brauchen sie nicht, nein. Aber andererseits ist die Spannung natürlich um so größer, je größer die dargestellte Gefahr ist.

SOHN: Also findest du es mit Leichen auch spannender!

VATER: Hab ich das gesagt? Ich hab doch gar nicht von mir gesprochen, sondern nur ganz allgemein.

SOHN: Dann finden die Leute also «ganz allgemein» so was gut, ja? Mit Geschieße und Gemorde und so ...

VATER: Ich weiß es nicht! Aber wenn diese Filme keine hohen Einschaltquoten hätten, würden sie vermutlich nicht mehr produziert werden.

SOHN: Charlys Vater sagt, die meisten Leute wollen einfach nur irgendwas gucken – abends. Und die würden sich auch Filme ansehen, wo alle lebendig bleiben.

VATER: Das können sie ja ohnehin. Schließlich gibt es mehrere Programme, und sie können wählen.

SOHN: Manchmal können sie aber bloß wählen, ob sie eine Leiche sehen wollen oder zwei – oder einen ganzen Haufen. Weil es in allen Programmen nur so wimmelt von Killern!

VATER: Das dürfte dann eine Ausnahme sein. Mit Sicherheit!

SOHN: Außerdem – manchmal denkt man ja auch, das wird ein ganz netter Film sein, und schon muß man wieder über Leichen steigen!

VATER: Also, was willst du nun eigentlich? Bin ich vielleicht Programmdirektor?

SOHN: Nee, aber du könntest ja mal an die Programmleute schreiben – daß sie ein bißchen sparsamer sein sollen mit ihren Erschossenen, Erwürgten, Erstochenen, Er ...

VATER: ... Dein Vertrauen ehrt mich, aber so ein Brief dürfte kaum dazu führen, daß statt des nächsten Krimis «Rosenresli» ausgestrahlt wird!

SOHN: Charlys Vater sagt aber, wenn die Leute jeden Tag Mord und Totschlag vorgesetzt kriegen, dann können sie überhaupt nicht mehr unterscheiden!

VATER: Was nicht mehr unterscheiden?

SOHN: Fernsehleichen und richtige. Und wenn sich Menschen irgendwo in echt totschießen, dann ist ihnen das auch egal.

VATER: Das ist ja mal wieder eine tollkühne, unverantwortliche Behauptung!

SOHN: Aber wenn's doch alle so spannend finden?! Charlys Vater sagt, die meisten gucken sich die Nachrichten schon an wie 'nen Krimi und machen sich gar nichts draus!

VATER: Und ich sage dir: Jeder normale Mensch kann Fernsehen und Wirklichkeit auseinanderhalten!

SOHN: Die ist doch auch im Fernsehen, die Wirklichkeit. Sitzt man doch genauso im Sessel und guckt zu.

VATER: Aber man denkt sich doch was ganz anderes dabei!

SOHN: Was denn?

VATER: Man denkt natürlich, wie schrecklich es ist, wenn Menschen sich gegenseitig umbringen.

SOHN: Könnte man sich bei den Krimileichen doch auch denken.

VATER: Das tut man ja auch – wenn der Film gut gemacht ist. Man ist immer betroffen, wenn es – auf der «guten» Seite – Tote gibt ... wenn also Menschen, die das Richtige wollen, sterben müssen.

SOHN: Und wenn die Bösen sterben, dann tut es einem nicht leid, oder?

VATER: Das liegt ja wohl in der Natur der Sache.

SOHN: Aber das ist gerade das Gefährliche, sagt Charlys Vater. Daß den Leuten immer nur die halben Leichen leid tun!

VATER: Wie bitte??

SOHN: Ich meine, die Leichen auf der einen Hälfte ... auf der einen Seite!

VATER: Warum sollte eine solche Differenzierung gefährlich sein? Diese ganzen Filme sind doch im Grunde nur eine Weiterentwicklung der alten Kindermärchen: das Gute siegt, das Böse stirbt. Und alle sind zufrieden. So einfach ist das.

SOHN: In der Politik ist das aber nich so einfach!

VATER: Das sagt ja auch keiner!

SOHN: Manch einer sagt das schon. Und denken tun das ganz viele, sagt Charlys Vater – daß auf der anderen Seite bloß die Bösen sind und daß man die ruhig alle umbringen kann. Wie im Western.

VATER: Charlys Vater hält sich mal wieder für den einzigen denkenden Menschen auf dieser Erde, wie?! Aber das ist er Gott sei Dank nicht! Über eine so primitive Vereinfachung ist man in unserer Zeit weit hinaus!

Pause.

SOHN: Wär ja schön, wenn's wahr wär, Papa ...

Respekt auf Vorschuß?

SOHN: Papa, Charly hat gesagt, sein Vater hat gesagt, Respekt ist lebengefährlich!

VATER: Hab ich richtig gehört? Respekt ist lebensgefährlich?

SOHN: Ja, genau. Hast du echt gut hingehört, Papa.

VATER: Das werde ich mir schnellstens wieder abgewöhnen!

SOHN: Was?

VATER: «Echt gut» hinzuhören. Ich habe nämlich «echt» keine Lust ...

SOHN: ... keinen «Bock», Papa. Wenn schon, denn schon!

VATER: Ich habe keine Lust, zur Kenntnis zu nehmen, daß Charlys Vater seine erste Trotzphase wiederbelebt!

SOHN: Wieso ist das «Trotzphase», wenn man sagt, daß Respekt ...

VATER: ... weil Trotzphasen bekanntlich jene Entwicklungsstadien sind, in denen Kinder blindwütig versuchen, ihren eigenen Willen gegen die Eltern durchzusetzen. Ohne jeden Respekt.

SOHN: Charlys Vater meint doch gar nicht die Kinder. Auf die hört ja sowieso keiner.

VATER: Wenn sie etwas Vernünftiges zu sagen haben, wird man auch auf sie hören ...

SOHN: Charlys Vater meint aber, die Erwachsenen müssen nicht soviel Respekt haben.

VATER: Na, wunderbar. Herrliche Welt, in der kein Mensch mehr vor irgendwem oder irgend etwas Respekt hat.

SOHN: Vor «irgendwem» kann man ja ruhig. Wenn man den kennt. Aber nicht so auf Vorschuß, sagt Charlys Vater.

VATER: Was soll das heißen, auf Vorschuß?

SOHN: Na, nich bloß, weil einer 'nen weißen Kittel anhat und wichtig redet.

VATER: Das kommt ja wohl darauf an, wer den weißen Kittel anhat. Ein ... Friseurlehrling mit weißem Kittel, der wird nicht gerade sehr respekteinflößend sein, wie wichtig er auch daherreden mag.

SOHN: Ein Friseurlehrling kann einem ja höchstens die Haare falsch abschneiden. Die wachsen ja wieder nach. Aber 'n Arm wächst nicht wieder nach.

VATER: Gut beobachtet. Und was soll das?

SOHN: Hast du das nicht gelesen? Wie sie neulich einem jungen Mädchen den Arm abgeschnitten haben, weil da so 'ne Autorität nicht erlaubt hat, daß sie den Gips abmachen?

VATER: Was ist das nun wieder für eine Schauergeschichte?

SOHN: Das ist allerdings 'ne Schauergeschichte. Allerdings! Der war nämlich bloß gezerrt oder geknackst, der Arm, und es mußte ein Gips rum. Und dann hat das Mädchen tagelang gejammert, daß es so weh tut; aber der Professor, oder wer das war, der hat sich nicht drum gekümmert.

VATER: Er wird sich schon gekümmert haben. Aber natürlich kann er nicht grundsätzlich jede Art von Behandlung gleich wieder rückgängig machen, weil sie für den Patienten unangenehm ist.

SOHN: Du hast deinen Halswickel aber gleich rückgängig gemacht, weil er dir unangenehm war.

VATER: Er war nicht nur unangenehm, er war auch überflüssig!

SOHN: Hat dir ja auch keine Autorität umgewickelt, sondern bloß Mama.

VATER: Das spielt doch überhaupt keine Rolle! Ich weiß selbst am besten, was mir guttut und was nicht!

SOHN: Das hat das Mädchen mit dem Gips auch gewußt – daß ihr der nicht guttut. Und die Schwestern wußten das bestimmt auch. Aber die hatten wohl alle mächtig Respekt vor dem Chef.

VATER: Anders geht es ja auch nicht ...

SOHN: Anders geht es nicht!? Wo der Arm unter dem Gips total vergammelt ist? Und sie ihn abschneiden mußten?!

VATER: Das ist natürlich ganz schrecklich, so etwas. Furchtbar. Leider gibt es, wenn auch selten, eben doch immer mal wieder solche Kunstfehler.

SOHN: Charlys Vater sagt, das war menschliches Versagen.

VATER: Meinetwegen, so kann man's auch nennen. Natürlich hat der verantwortliche Arzt auch menschlich versagt, weil er ...

SOHN: ... nee, nich der Arzt! Die Eltern, oder die Oma, oder Onkel, oder die Freunde, oder ...

VATER: Wer denn nun noch alles? Und was hätten die denn machen sollen?

SOHN: Nich soviel Respekt haben eben! Charlys Vater sagt, er wäre ei-gen-hän-dig mit 'ner Gipsschere gekommen und hätte den Verband abgemacht, wenn Charly solche Schmerzen gehabt hätte!

VATER: Das kann man hinterher leicht sagen. Aber in der akuten Situation, da wird man kaum hingehen und einem Fachmann ins Handwerk pfuschen.

SOHN: Wer hat denn da gepfuscht?!

VATER: Ja doch, darüber waren wir uns ja einig, daß in

diesem Fall ein schlimmer Fehler gemacht worden ist. Das kann man aber nicht verallgemeinern.

SOHN: Tante Luise wär vielleicht auch gestorben – wenn Mama soviel Respekt gehabt hätte!

VATER: Wovon redest du jetzt?

SOHN: Von dem Fischessen. Wo Tante Luise mit Mama in dem ganz vornehmen Restaurant war und wo Tante Luise Fisch bestellt hatte. Und der kam ihr irgendwie komisch vor; aber sie hat sich nicht getraut, was zu sagen.

VATER: Tante Luise ist auch ein Mensch mit einem besonders schwachen Durchsetzungsvermögen. Und wenn da ein Ober im Frack ihr auf silbernem Tablett einen Fisch serviert ...

SOHN: ... dann hat sie gleich Respekt, nich? Und wenn Mama den Fisch nicht zurückgeschickt hätte ...

VATER: Ja doch, ich weiß ja. Deine Mutter hat angemessen reagiert.

SOHN: Aber die andern Leute, die den Fisch ganz artig gegessen haben – die hatten auch zuviel Respekt, oder?

VATER: Keine Ahnung. Vielleicht haben sie auch nichts geschmeckt, oder sie wollten kein Aufsehen erregen.

SOHN: Aber nachher haben sie mächtig viel Aufsehen erregt, wie? Wie sie dann mit Tatü-tata ins Krankenhaus mußten, Magen auspumpen!

VATER: Und trotzdem kann man solche Vorkommnisse nicht dazu benutzen, um zur allgemeinen, weltweiten Respektlosigkeit aufzurufen!

SOHN: «Allgemein» sagt ja keiner. Bloß nich vor Kitteln oder Fracks oder ...

VATER: Fräcken.

SOHN: ... oder Fräcken oder Uniformen oder so was!

VATER: Ach, sind jetzt die Uniformen dran. Schießt sich Charlys Vater jetzt auch noch auf die Polizei oder Bundeswehr ein, ja?

SOHN: Gar nich! Gibt doch jede Menge andre Uniformen. Eisenbahneruniform zum Beispiel. Auf so was ist nämlich der Onkel von Charlys Vater reingefallen.

VATER: Wie das?

SOHN: Na, der ist schon ganz alt und macht nie die Tür auf, wenn er nich weiß, wer's ist. Und dann hat er mal durchs Guckloch 'ne Uniform gesehn, und gleich hat er aufgemacht, und peng, ist er beklaut worden. Hatte sich so 'n Ganove 'ne alte Eisenbahneruniform angezogen!

VATER: Ja nun, gegen solche üblen Tricks ist kein Mensch gefeit ...

SOHN: Charlys Vater sagt, das kommt nur von dem Respekt auf Vorschuß.

VATER: Den Spruch hast du schon mal gesagt, und davon wird er auch nicht richtiger! Man kommt nämlich gar nicht umhin, sich im täglichen Leben auf Fachleute und auf Experten zu verlassen.

SOHN: Auch wenn man das Gefühl hat, die irren sich?

VATER: Gefühl ... Gefühl ...

SOHN: Experten können sich doch auch irren!

VATER: So gesehen, kann sich jeder irren.

SOHN: Auch die ganz Oberen, nich?

VATER: Was heißt «die ganz Oberen»?

SOHN: Na, zum Beispiel ... Ober ... staatsanwalt, oder Ober ... feldmarschall oder Ober ... befehlshaber, oder ...

VATER: ... Ober ... ammergau! – Was soll das Ganze? Gerade bei Experten wird der Irrtum immer die Ausnahme sein.

SOHN: Und wie kann man wissen, ob da gerade 'ne Ausnahme ist?

VATER: Das kann man vorher nie wissen. Logisch.

Pause.

SOHN: Charly hat gesagt, sein Vater hat gesagt, so wie Mama mit dem Fisch – so muß man das immer machen.

VATER: Wie? ...

SOHN: Nicht gleich alles runterschlucken, was man vorgesetzt kriegt!

Kultur ist zum Hingucken

SOHN: Papa, Charly hat gesagt, sein Vater hat gesagt – das soll ihm jetzt mal einer erklären, was Kultur ist!

VATER: Na, das wird sich doch machen lassen ...

SOHN: Was?

VATER: Daß ihm einer erklärt, was Kultur ist!

SOHN: Heißt das, du willst es nicht erklären?

VATER: Genau das, ja. Bin ich vielleicht das Lexikon von Charlys Vater? Das nimmt ja langsam überhand!

SOHN: Aber mir kannst du doch erklären, was Kultur ist.

VATER: Da kommst du ja vielleicht auch allein drauf. Denk doch mal nach. Was sind denn – zum Beispiel – «Kulturdenkmäler»? Na?

SOHN: Vielleicht ... dieser, dieser neue Brunnen, den sie nachts immer bunt anstrahlen, damit er grünes und rosa Wasser macht?

VATER: Also, ob das Kultur ist, das wird sich erst noch rausstellen. Fällt dir nichts Besseres ein? Wo, zum Beispiel, kommst du immer vorbei, wenn du zur Schule gehst?

SOHN: An der Baustelle. Charly sagt, da legen sie die dicke Verkabelung rein, damit man dann sieben verschiedene Sandmännchen angucken kann.

VATER: Ein Ziel, aufs innigste zu wünschen, ja ... Aber nun bleib mal beim Thema. Wir haben von Kultur geredet.

SOHN: Dann is Verkabelung schon mal keine Kultur, oder?

Vater: Auch das ist noch nicht raus. Aber mußt du denn unbedingt nach unten gucken, wenn du läufst? Sieh doch mal lieber nach oben!

Sohn: Dann fall ich doch in die Baulöcher.

Vater: Also – ich kann auch gern meine Zeitung weiterlesen; ich muß nicht mit dir reden!

Sohn: Meinetwegen, guck ich eben nach oben.

Vater: Ja, und was siehst du da? Wenn du auf deinem Schulweg mal den Blick nach oben lenkst?

Sohn: Das neue Bürohochhaus.

Vater: Und wenn du daran vorbei bist?

Sohn: Gar nichts mehr. Die schönen großen Bäume, die da waren, haben sie abgesägt. Wegen der blöden Unterführung!

Vater *wird laut*: Und was kommt hinter der Unterführung?!

Sohn: Hinter der Unterführung ...? Da steht 'ne alte Kirche, aber die sieht man gar nicht mehr, weil das Parkhaus ...

Vater: Also eine alte Kirche! Und zwar eine romanische aus dem 12. Jahrhundert. Und das zum Beispiel ist ein Kulturdenkmal!

Sohn: Gilt die denn noch für heute?

Vater: Was soll diese Frage?

Sohn: Wenn die schon so alt is, dann kann man doch heute nich mehr mit angeben.

Vater: Man kann ... ich will sagen, diese Kirche gehört selbstverständlich zu unserem heutigen Kulturgut. Was man als Kulturdenkmal bezeichnet, ist ohnehin immer etwas älter.

Sohn: Und was gibt es neu an Kultur?

Vater: Was die moderne Architektur angeht, so gibt es ganz großartige Kulturbauten! Denk mal an den herrlichen neuen Museumsbau!

Sohn: Da bist du ja mit mir noch nich hingegangen.

VATER: Das kommt schon alles noch. – Und ich kann ja auch mal anders fragen. Was, zum Beispiel, gehört zu einem kultivierten Menschen?

SOHN: Seife, Zahnpasta und Waschlappen.

VATER: Na, daß dir das als erstes einfällt, kann einen nur wundern!

SOHN: Heißt doch aber Kulturbeutel, wo das alles drin ist.

VATER: Aber wie wäre es denn zum Beispiel mit «Bildung»? Zur Kultur eines Volkes gehört vor allem die breitvermittelte Bildung.

SOHN: Du kannst auch immer nur von Schule reden, weißte ...

VATER: In der Schule werden die Grundlagen für jedes Kulturverständnis gelegt; für Dichtung, Musik, Malerei, Theater und ...

SOHN: ... und Fernsehen.

VATER: Ja und nein. Letztlich gehört Fernsehen auch zur heutigen Kultur ...

SOHN: Auch die Werbung? Und die Horrorfilme?

VATER: Pick doch nicht ausgerechnet diese Sachen heraus! Und Horrorfilme hast du dir sowieso nicht anzusehen!

SOHN: Charlys Vater sagt aber, was da ist, muß man auch sehen. Und er muß jedes Wochenende die Kernkraftwerke sehen!

VATER: Wieso muß er?

SOHN: Weil er immer zu seiner Mutter fährt, und da kommt er an den Klötzen vorbei. Und an 'ner Rüstungsfabrik kommt er auch vorbei!

VATER: Tut mir ja schrecklich leid, daß der Weg von Charlys Vater zu seiner Mutter zufällig nicht mit Fachwerkhäusern und Kathedralen gepflastert ist, wirklich! Aber so kommen wir ja nicht weiter. Vielleicht überlegst du mal lieber, wo wir überall vorbeikommen, wenn wir zu deiner Großmutter fahren!

SOHN: Bei Oma um die Ecke, da is jetzt 'ne Peep-Show, und Oma hat schon gesagt ...

VATER: ... Donnerwetter noch mal! Es wird doch noch möglich sein, von Kultur zu reden, ohne daß du mit unpassenden Beispielen ankommst!

SOHN: Mach ich doch nicht mit Absicht, Papa, ehrlich! Ich frag ja bloß.

VATER: Du fragst aber ständig in die falsche Richtung.

SOHN: Was ist denn die richtige Richtung?

VATER: Zum Beispiel sollte dir bei «Kultur» auch Wissenschaft und Forschung einfallen. Da ist schließlich Unglaubliches geleistet worden in unserer Zeit.

SOHN: Ja klar. Satelliten und Computer, und ... und was is mit Atomraketen? Is das auch Kultur?

VATER: N ... nein ... allenfalls könnte man sagen, daß auch diese Erfindung letztlich Kultur bewahren helfen will.

SOHN: Bewahren? Wo die alles auf einen Schlag wegfegen sollen?

VATER: Sie sollen überhaupt nicht! Und sie werden auch nicht – und laß uns von den Raketen bitte wieder wegkommen, ja?

SOHN: Charlys Vater sagt, so was von Kulturkillern hat's noch nie gegeben.

VATER: Es hat vieles noch nicht gegeben, was es heute gibt! Und jetzt denk mal lieber daran, wo Mama und ich letzten Sonnabend gerade waren!

SOHN: Letzten Sonnabend? Weiß ich doch nicht.

VATER: In der Oper! Also in einer Kultureinrichtung ersten Grades!

SOHN: Ach ja, richtig. Da warst du noch so sauer, weil gerade so ein toller Western im Fernsehen lief.

VATER: Ich war nicht «sauer», ich habe lediglich bemerkt,

daß ich diesen alten Klassiker des Films gern gesehen hätte. Aber man kann eben nicht alles haben.

SOHN: Mußt du dir eben Video anschaffen, damit du mehr «alles» haben kannst.

VATER: Das wäre längerfristig zu überlegen, ja ...

SOHN: Dann kannst du dir auch gleich mal so 'ne Sex-Crime-Horror-Kassette ausleihen, damit du siehst, was sich die Leute jetzt alle einpfeifen!

VATER: Ich werde mir mit Sicherheit derartiges nicht «einpfeifen»!

SOHN: Da zeigen sie nämlich, wie sich Menschen zerhakken und zerschneiden und sich gegenseitig in den Eingeweiden rumstochern, und wie Frauen von Männern ...

VATER: ... hat dir Charlys Vater das vielleicht alles detailliert geschildert, ja? Das ist doch ...

SOHN: Gar nich, das stand doch in der Illustrierten ...

VATER: Also eins will ich dir gleich sagen: Sollte ich je erfahren, daß du dir jemals so was anguckst ...

SOHN: Ich will so was doch gar nicht sehen, Papa, ehrlich! Und diese Blue movies später auch nicht!

VATER: Was für Blue movies?

SOHN: Die gibt's, wenn wir Kabelfernsehen haben, sagt Charlys Schwester. Nachts. Da können sich dann die Erwachsenen, wenn sie im Bett sind, andere Erwachsene angucken, die auch im Bett sind, oder so.

VATER: Also, mit Charlys Schwester reicht mir das jetzt auch! Offenbar beschäftigt sie sich ausschließlich mit Dingen, die Kinder nichts angehen, die sie nicht zu sehen und zu hören haben!

SOHN: Ja doch, ich weiß schon, Kinder dürfen nur auf Kultur gucken.

Der Vater stößt einen Unmutslaut aus.

SOHN: Charlys Vater möchte ja auch nur auf Kultur gukken.

VATER: Dann soll er das doch machen!

SOHN: Er sagt aber, wo er heute hinguckt, möchte er am liebsten gleich wieder weggucken!

Gesten, Zeichen, Traditionen …

SOHN: Papa, Charly hat gesagt, seine Schwester hat gesagt, die haben wohl alle noch kein Video – die Politiker.

VATER: Das ist gut möglich, daß die meisten Politiker kein Videogerät besitzen. Vermutlich haben sie ja nicht mal Zeit, sich das normale Fernsehen anzugucken.

SOHN: Deswegen sollen sie sich ja grade Video anschaffen. Damit sie was aufzeichnen können und dann gucken, wenn sie mal Zeit haben.

VATER: Ist ja rührend, wie Charlys Schwester um die Entspannung der Politiker besorgt ist! Welchen Fernsehgenuß will sie ihnen denn unbedingt verschaffen? «Tatort» oder «Dallas», oder was?

SOHN: Nee, sie sagt, die sollen sich mal ansehen, was sie selber so machen …

VATER: Wozu denn? Was sie «selber so machen» haben sie ja wohl «live» miterlebt, oder?

SOHN: Aber vielleicht wissen sie trotzdem nicht, wie das aussieht, was sie machen. Und was man sich denken muß, wenn man das sieht …

VATER: Politiker brauchen sich weder daran zu orientieren, wie «was aussieht», noch «was wer denken» könnte! Sie sind ihrem Auftrag und ihrem Gewissen verpflichtet – und sonst gar nichts.

SOHN: Aber wegen dem Gewissen brauchen sie sich doch nicht immerzu was umhängen lassen oder anpieken und sich Hüte aufsetzen und verkleiden …

VATER: Redest du jetzt vom Karneval, oder was?

SOHN: Nee, von Doktorhüten und Ketten und Orden und all so 'm Kram.

VATER: Wenn Politiker geehrt werden – auf welche Weise auch immer – dann ist das kein Kram, sondern ... eben eine Ehre!

SOHN: Wenn die aber so komisch aussieht, die Ehre ...

VATER: Das liegt ja wohl ganz im Auge des Beschauers! Und im übrigen – wenn Politiker in fremden Ländern mit Ehrungen bedacht werden, dann können sie sich dem nicht entziehen. Das wäre sehr unhöflich.

SOHN: Können sie doch vorher ganz höflich sagen, daß sie nichts aufgestülpt oder umgehängt haben wollen.

VATER: Können sie eben nicht! Zumal sie das ja vorher gar nicht wissen können.

SOHN: Charlys Schwester sagt, das steht alles in diesem Protokoll, weil da sowieso jeder Schritt drinsteht.

VATER: Wie das im einzelnen auch sein mag – die Achtung vor dem Gastgeber verbietet jede Kritik an den Zeremonien.

SOHN: Vielleicht würden die Gastgeber das auch viel lieber sein lassen – mit den Urkunden und Medaillen und Geschenken und allem ...

VATER: Bestimmt nicht. Geschenke erhalten bekanntlich die Freundschaft und Ehrungen erst recht. Ein Weglassen dieser ... Gesten wäre ebenso beleidigend wie eine Zurückweisung.

SOHN: Herr Weber war gar nicht beleidigt.

VATER: Wie kommst du denn jetzt auf Dr. Weber?

SOHN: Weil es gerade paßt. Bei seiner Faschingsfete, da wolltest du auch nicht das Hütchen aufsetzen, das er auf deinen Teller gelegt hat!

VATER: Ach, hat Mama dir das schon wieder erzählt ... Na ja – das war aber auch ein besonders lächerliches Hütchen, sogar noch mit Troddeln ...

SOHN: An den Doktorhüten sind auch Troddeln dran.

VATER: Das ist eine alte Tradition.

SOHN: Wie die Orden und Ehrenkreuze und so was?

VATER: Genau.

SOHN: Und damit kann man nicht einfach mal aufhören?

VATER: Nein, das kann man nicht! Das würde ringsum zu großen Irritationen führen.

SOHN: Bei den Fernsehzuschauern?

VATER: Nein, bei den Regierungen und Staatsmännern. Und die haben ja wohl weiß Gott wichtigere Dinge zu klären und zu bereden!

SOHN: Aber so kann man das gar nicht glauben, sagt Charlys Schwester.

VATER: Was kann man nicht glauben?

SOHN: Daß die wichtige Dinge bereden. Wenn man immer bloß sieht, wie sie sich was verleihen oder überreichen und wie sie sich dauernd bedanken und ihren Kopf runtermachen ...

VATER: Ihren Kopf runtermachen?

SOHN: Wenn sie was umgehängt kriegen, mein ich ...

VATER: Das ist doch alles nichts anderes, als wenn normale Bürger sich Blumen schenken! Oder Konfekt. Das sind alles Zeichen der Hochschätzung, die die folgenden ernsthaften Verhandlungen erleichtern!

SOHN: Da nehmen sie aber komische Zeichen zum Erleichtern ...

VATER: Wovon redest du?

SOHN: Ich meine ... die verhandeln doch jetzt immer wegen Frieden und weniger Waffen, nich?

VATER: Ja, das tun die Politiker in zunehmendem Maße – Gott sei Dank.

SOHN: Und warum zeigen sie dann immer zuerst ihre Soldaten, wenn jemand ganz friedlich aus dem Flugzeug kommt?

VATER: Weil auch das so üblich ist – einen hohen Gast mit militärischen Ehren zu empfangen.

SOHN: Wieso ist 'n das 'ne Ehre, wenn man links und rechts auf lauter Gewehre gucken muß?

VATER: Weil ... weil die Soldaten nicht für irgendwen und jeden antreten, sondern nur für ganz wichtige Leute! Für hohen Staatsbesuch eben.

SOHN: Damit der gleich sieht, wie wichtig er ist?

VATER: Das wird er wohl schon vorher wissen!

SOHN: Dann könnten doch auch andre Leute dastehen und keine Soldaten.

VATER: Was denn für andre Leute!? Vielleicht der Opernchor oder das Ballett?

SOHN: Nee, das wär dann ja wieder so 'ne Show.

VATER: Jedes Zeremoniell hat einen gewissen Showeffekt. Das gibt der Sache ja gerade den besonderen, festlichen Charakter.

SOHN: Ich denke, die besuchen sich, um zu arbeiten?

VATER: Ja, natürlich! Und daran werden sie weder durch eine Ehrengarde noch durch Verleihung von Orden, Urkunden oder Doktorwürden gehindert!

SOHN: Verplempern sie doch so viel Zeit damit ...

VATER: Das ist keine verplemperte Zeit, wenn man alte Traditionen pflegt!!

SOHN: Wie alt sind die denn – diese Traditionen?

VATER: Das kann ich dir so genau auch nicht sagen. Die meisten sind jedenfalls sehr alt. Vielleicht hundert oder fünfhundert Jahre ... oder noch älter.

SOHN: So alt? Echt?

VATER: Ja, ja ...

SOHN: Und in der ganzen Zeit ist keinem was Besseres eingefallen?!

Der richtige Trend

SOHN: Papa, Charly hat gesagt, sein Vater hat gesagt, Chemie macht faul!

VATER: Kann schon sein. Wer sich planlos mit Beruhigungstabletten vollstopft, wird nicht gerade durch besonderen Arbeitseifer auffallen.

SOHN: Nee, schlucken muß man die Chemie ja gar nicht zum Faulsein.

VATER: Sondern?

SOHN: Einfach immer gleich benutzen. Charlys Vater sagt, er stochert erst mal!

VATER *lacht*: Das ist mir bekannt. Und wie er stochert! Noch in dem kleinsten Problemchen stochert er rum ...

SOHN: Und im Ausguß.

VATER: Von mir aus auch da.

SOHN: Wenn der nämlich verstopft ist, dann versucht er's erst mal mit so einem Gummipfropfer; und wenn das nicht hilft, dann stochert er mit so 'ner Spirale rum, und wenn ...

VATER: ... ja doch, ich weiß, wie man einen Ausguß wieder frei kriegt!

SOHN: Und warum hast du dann 'ne Riesenflasche von so 'm Chemiezeugs ins Waschbecken geschüttet?

VATER: Weil ich kein Klempner bin!

SOHN: Und weil Chemie faul macht, nich?

VATER: Nun werd mal nicht frech, ja?! In der Zeit, in der ich nicht stochere, mache ich ja vielleicht andere Dinge!

SOHN: Weiß ich ja, was du gemacht hast.

VATER: So …

SOHN: Du warst im Keller und hast auf deinem Heimtrainer rumgezappelt.

VATER: Ich habe nicht «gezappelt», ich habe etwas für meine Gesundheit getan!

SOHN: Aber mit dem Waschbecken hast du nichts Gesundes gemacht.

VATER: Da habe ich mich – in diesem Fall – mal für die chemische Lösung entschieden, ja!

SOHN: Die is aber schädlich …

VATER: Würdest du dich bitte um deine eigenen Schädlichkeiten kümmern!

SOHN: Ich darf ja gar nicht schädlich sein. Als ich neulich deinen Autoschaum fürs Fahrradputzen genommen habe, hast du mich angemeckert!

VATER: Das Zeug ist auch viel zu teuer, um es zu verplempern!

SOHN: Warum kaufst du's dann?

VATER: Weil ich ohne dieses Mittel die dreifache Kraft aufwenden müßte, um den Dreck runterzukriegen.

SOHN: Und warum willste die nich aufwenden, die Kraft? Du willst doch immer abnehmen.

VATER: Hörst du jetzt mal auf zu stänkern, ja?!

SOHN: Aber es ist doch viel besser, wenn du umweltfreundlich abnimmst! Ohne Pillen!

VATER: Ich nehme keine Pillen!

SOHN: Liegen doch im Badezimmer – diese Appetitzügler. Und Mama gehören die nich …

VATER: Ach! Jetzt auch noch rumspionieren, das wird ja immer schöner!

SOHN: Ich mein's doch bloß gut mit dir …

VATER: Wenn du's gut mit mir meinst, hör auf, mich zu nerven!

SOHN: Aber wenn du immer grade das Ungesunde

machst? Die Wadenwickel waren dir neulich auch zu umständlich – bei deinem Fieber ...

VATER: Hör mir auf mit Wadenwickeln! Wenn ich die nur von weitem sehe, werde ich gleich noch kränker.

SOHN: Da geht aber gleich das Fieber von runter.

VATER: Ich hab das Fieber auch so runtergekriegt – oder siehst du mich vielleicht noch im Bett liegen?

SOHN: Mit Tabletten hast du's runtergekriegt ...

VATER: Kannst du jetzt mal aufhören, dich mit meiner Person zu beschäftigen?! Wenn du schon in der Familie missionieren willst, dann frag doch mal deine Mutter, womit sie sich die Hausarbeit erleichtert! Das ist nämlich auch alles Chemie: Spülmittel, Bodenpflegemittel, Teppichschaum und ... und ... und ...

SOHN: Mama nimmt immer bloß ganz wenig von allem.

VATER: Das kann sie sich auch leisten.

SOHN: Wieso?

VATER: Weil sie nicht mitverdienen muß! Dadurch kann sie es sich leisten, weniger Chemie zu nehmen und dafür mehr Zeit und Arbeitskraft einzusetzen.

SOHN: Charlys Mutter kann sich das auch leisten – mit wenig Chemie. Auch wenn sie arbeiten geht.

VATER: Die kann sich eben ein bißchen mehr Dreck leisten. Weil es in ihrem Haushalt vermutlich nicht drauf ankommt.

SOHN: Worauf nich ankommt?

VATER: Daß alles jederzeit gepflegt aussieht!

SOHN: Du meinst, daß man vom Fußboden essen kann?

VATER: So etwa, ja.

SOHN: Ißt doch sowieso kein Mensch vom Fußboden.

VATER: Man tut es nicht, aber man sollte es tun können.

SOHN: Wieso denn?

VATER: Weil man sich sonst nicht wohl fühlt!

SOHN: Bei Charly fühlen sich aber alle wohl. Da ist es immer ganz gemütlich.

VATER: Ich rede ja auch nicht von Gemütlichkeit, sondern von Sauberkeit. Von peinlicher Sauberkeit!

SOHN: Peinlicher Sauberkeit ...? Weil es peinlich ist, wenn man bloß noch Saubermachen im Kopf hat?

VATER: Jetzt stell dich bitte nicht an wie ein Trottel! «Peinliche» Sauberkeit heißt: Perfekte Sauberkeit. So sauber, wie es nur geht.

SOHN: Ist aber trotzdem peinlich – so 'ne perfekte Sauberkeit, weil: drinnen ist es dann sauber, und draußen wird's immer dreckiger. Wegen der Chemie.

VATER: Ich habe doch gerade schon erklärt, daß man die Umwelt durchaus nicht belasten muß! Früher waren die Leute ja auch sauber – wenn sie es wollten.

SOHN: Da haben sie noch gestochert, nich?

VATER: Blieb ihnen ja gar nichts weiter übrig ...

SOHN: Und im Garten waren sie auch nicht so faul, nich?

VATER: Wie?

SOHN: Ich meine, da haben sie die Raupen und Käfer einfach abgesammelt von den Pflanzen, oder?

VATER: Vermutlich ...

SOHN: Du hast aber gespritzt!

VATER: Also, paß mal auf, mein Lieber: Früher hatten die Leute auch noch Kinder, die ihnen bei allem und jedem geholfen haben! Und wenn wir denn schon wieder die alten Sitten einführen, dann wirst du in Zukunft die Raupen absammeln, klar?!

SOHN: Sind ja gar keine mehr da ...

VATER: Werden schon wieder welche kommen. Und dann werde ich mich erinnern, daß ich einen Sohn habe, der mir diese Arbeit – chemiefrei – abnimmt!

SOHN: Kann mir Charly dann dabei helfen?

VATER: Er kann.

SOHN: Und Sabine und Ali auch?

VATER: Sag mal – willst du vielleicht bloß noch die Aufsicht führen bei der Aktion?

SOHN: Nee – aber macht doch mehr Spaß, wenn man zu vielen ist. Außerdem, die brauchen auch immer Geld.

VATER: Du glaubst doch nicht etwa, daß ich dich oder irgend jemand sonst für Gartenarbeit bezahle?

SOHN: Will ich doch gar nicht. Aber wir können ja die Raupen verkaufen! An Leute, die so exotische Tiere haben.

VATER: Na, das hab ich gern! Sich wer weiß wie fortschrittlich gebärden und dann Geschäfte machen!

SOHN: Wir sind jedenfalls nicht faul!

VATER: Das wird sich noch weisen ...

SOHN: Außerdem liegen wir mit so was voll auf dem richtigen Trend!

VATER: Auch das noch! Und was ist der «richtige Trend»?

SOHN: Na, Geld verdienen, ohne Schaden anzurichten!

Der Zeitgeist

SOHN: Papa, Charly hat gesagt, sein Vater hat gesagt, wenn ihm einer die Schimpfwörter sagt, weiß er gleich, welche Zeit das ist!

VATER: Ich bin tief beeindruckt ...

SOHN: Echt?

VATER: Nein, unecht. Und jetzt muß ich mir doch wohl nicht die ganze Sammlung von Pöbeleien und Unflätigkeiten anhören, die Charlys Vater auf Lager hat, oder?

SOHN: Der hat doch keine Sammlung! Das ist bloß ... also, das ist seine Erfahrung.

VATER *lacht*: Wunderbar! Ist er so viel angepöbelt worden in seinem Leben, daß er sich als Experte fühlt?

SOHN: Überhaupt nicht!! Er ist überhaupt nicht angepöbelt worden. Er hat die nur gehört – die ganzen Schimpfwörter. Auch von seinen Eltern. Ich meine, die haben ihm davon erzählt.

VATER: Also schön, er hat sie gehört. Ich höre auch so manches, was ich lieber nicht hören würde. Aber das mache ich dann nicht zum Gegenstand einer wichtigen Unterhaltung! Und schon gar nicht mit dir!

SOHN: Aber wenn die doch politisch sind, die Schimpfwörter? Charlys Vater sagt, an den Schimpfwörtern kann man den Zeitgeist sehen.

VATER: Zeitgeist! Im Gegenteil: Schimpfwörter pflegen ebenso zeitlos wie geistlos zu sein. Wenn sich jemand vor hundert Jahren über einen andern geärgert hat, dann hat er vermutlich schon damals «Idiot» gesagt, genau wie heute.

SOHN: Aber «Sozi» hat er nicht gesagt.

VATER: Wieso denn auch «Sozi»?

SOHN: Weil das so 'n Schimpfwort ist, wo man gleich weiß, wann das war. Charlys Vater sagt, so um die Zeit vor dem Ersten Weltkrieg. Da war das ein Schimpfwort, «Sozi».

VATER: Allerdings nur von bestimmten Leuten gegenüber bestimmten Leuten. Aber nun ja – immerhin ...

SOHN: Aber heute ist das kein Schimpfwort mehr, nich?

VATER: Das Wort wird heute gar nicht mehr verwendet. Heute heißt das Sozialdemokraten – wie es sich gehört.

SOHN: Und das is kein Schimpfwort mehr ...

VATER: Natürlich nicht.

SOHN: Und «Roter»? «Roter» ist auch kein Schimpfwort mehr, weil man es nicht verwendet, nich?

VATER: Genau.

SOHN: Na ja – und als dann die Nazis kamen, sagt Charlys Vater, da waren wieder ganz andere Schimpfwörter. Da haben die Leute «Jude» gesagt, als Schimpfwort!

VATER: Da wollen wir lieber gar nicht mehr dran denken; so schrecklich, wie das alles war.

SOHN: Und «Kommunist» war da auch ein Schimpfwort, nich?

VATER: Könnte man sagen, ja. Vor allem konnte man jemanden damit denunzieren. Aber können wir nicht bitte damit aufhören?

SOHN: Bloß noch eins! Weil das so komisch ist! Das hab ich mit Charly richtig üben müssen, weil wir das erst gar nicht verstanden haben!

VATER: Mein Gott – könnt ihr diese Mühe nicht einmal auf eure Vokabeln verwenden zum Beispiel?

SOHN: Hör doch mal zu! Das Wort heißt: Bevölkerungspolitischer Blindgänger! Irre, was? Das haben sie gesagt, wenn einer schon ewig verheiratet war und immer hat's noch nicht geklappt!

VATER: Danke, ich weiß, wann sie das gesagt haben: Wenn jemand keine Kinder hatte oder haben wollte.

SOHN: Aber wenn heute einer keine Kinder haben will, dann sagt das keiner zu ihm, nich?

VATER: Natürlich nicht! Jeder wird das für einen vernünftigen Entschluß halten – wenn er sich die heutigen Kinder ansieht!

SOHN: Also, Papa ...!

VATER: Also, Papa ...

SOHN: Jedenfalls – als der Krieg dann vorbei war, da gab's neue Schimpfwörter.

VATER: Und das hat Charlys Vater ganz glücklich gemacht, wie?

SOHN: Klar. Da hat er sich echt mitgefreut. Als Kind.

VATER: Mit wem?

SOHN: Mit seiner Mutter. Die konnte dann nämlich endlich sagen, was sie vorher nicht sagen durfte! «Nazischwein»!

VATER: Und zu wem hat sie das gesagt?

SOHN: Ach, die hatten da so einen, der auf das Haus aufpassen mußte. So ein Pop-Typ oder Op-Typ, glaub ich.

VATER: Das war ein «Ob-Mann». Hausobmann. Das war jemand, der das Vertrauen der Nazis hatte und der darauf achten sollte, welche Stimmung so im Haus herrschte.

SOHN: Also 'n Spitzel.

VATER: So etwas sollte er wohl sein. Immer war er's sicher auch nicht.

SOHN: Der von der Mutter von Charlys Vater war aber so. Und deswegen hat sie dann «Nazischwein» zu ihm gesagt.

VATER: Na ja – das war eine zwar begreifliche, aber ziemlich primitive Reaktion ...

SOHN: Und «BDM-Ziege» hat sie auch zu jemand gesagt!

VATER: Ja doch! Da hat sie eben nach der schlimmen Zeit ihrem Herzen Luft gemacht. Aber was soll das jetzt? Warum redet Charlys Vater jetzt noch davon?

SOHN: Weil er so überlegt hat. Weil das eben die Schimpfwörter mit Zeitgeist sind.

Unmutslaut des Vaters.

Papa? Nach dem Krieg war «Jude» auch kein Schimpfwort mehr, nich?

VATER: Selbstverständlich nicht! Gott sei Dank nicht mehr!

SOHN: Und «Kommunist» – war das noch ein Schimpfwort?

VATER: Nein doch ...

SOHN: Aber «Faschist», das war dann eins, oder?

VATER: Ja, natürlich. Weil die «Faschisten» ja die Rechtsradikalen anderer, mit Hitler sympathisierender Länder waren. – Aber da wir jetzt weder eine Monarchie noch eine Diktatur haben, sondern eine Demokratie, und da bei uns keiner mehr diffamiert oder verfolgt wird, deshalb haben wir auch keine zeittypischen Schimpfwörter! Charlys Vater kann seine Forschungen also einstellen!

SOHN: Aber darüber hat er ja grade nachgedacht ...

VATER: Worüber?

SOHN: Ob wir nicht auch wieder Schimpfwörter mit Zeitgeist haben.

VATER: Vielleicht hat er welche erfunden, wie?!

SOHN: Welche sollen denn das sein?

VATER: Was weiß ich – vielleicht wär's ihm recht, wenn

der Begriff «Nur-Hausfrau» sich langsam zum Schimpfwort entwickeln würde!

SOHN: Na, hör mal! Charlys Vater wird doch Mama nicht beschimpfen! Das würde der nie machen!

VATER: So von Haus zu Haus macht man das ja auch nicht.

Pause.

SOHN: Du schon.

VATER: Erlaube mal! Hab ich vielleicht schon mal Charlys Mutter schlechtgemacht, weil sie halbtags arbeitet!?

SOHN: Nee, die Mutter nicht. Aber die Schwester!

VATER: Ach – diese Göre wieder ... Und was soll ich gesagt haben?

SOHN: «Emanze» hast du gesagt. Ich soll aufhören, mir die Sprüche von dieser Emanze anzuhören, hast du gesagt.

VATER: Na und? Ist ja wohl noch keine Beschimpfung; nur eine Bezeichnung.

SOHN: Klang aber wie 'ne Beschimpfung.

VATER: Ach was.

SOHN: Charlys Vater hat auch ganz was anderes gemeint, wo er Angst hat, daß es ein Schimpfwort wird.

VATER: Und was soll das sein?

SOHN: Pazifist!

VATER: Das ist kein Schimpfwort.

SOHN: Aber beinahe – sagt Charlys Vater.

VATER: Unfug! Das ist höchstens mal so eine Unmutsbezeichnung, weil diese Leute sich ja dauernd irgendwelchen wichtigen politischen Entscheidungen in den Weg stellen.

SOHN: Und «Friedensspinner»? Ist das auch kein Schimpfwort?

VATER: Wer hat das gesagt?

SOHN: Irgendein Politiker. Hat Charlys Vater gehört.

VATER: Charlys Vater sollte seine Ohren nicht überall haben! Dann würde er entschieden ruhiger leben!

SOHN: Kann man doch nichts gegen machen, wenn man was hört.

VATER: «Wenn man was hört ...» Ausrutscher gibt es immer mal!

SOHN: Und wenn einer zu jemandem «Jude» sagt, oder «Kommunist» – ist das auch ein Ausrutscher?

VATER: Das ist zunächst mal gar nichts. Ob jemand Jude oder Kommunist ist, das ist nichts als eine wertfreie Feststellung.

SOHN: Aber wenn man noch was davor sagt? Ich meine, «alter» Jude oder «dreckiger» Kommunist oder so was? Charlys Vater sagt ...

VATER: Und ich sage dir auch was: Jedes Wort kannst du mit einem entsprechenden Adjektiv zu einem Schimpfwort machen! Aber wenn einer ... «dreckiger Beamter» zu mir sagen würde, davon würde das Wort «Beamter» noch kein Schimpfwort!

SOHN: Hat das denn schon mal einer zu dir gesagt? «Dreckiger Beamter»?

VATER: Natürlich nicht!

SOHN: Na siehste. Weil das eben kein Schimpfwort mit Zeitgeist ist.

VATER *stöhnt*: Okay. Und wenn ich jetzt «Nervensäge» zu dir sage, dann hat das auch nichts zu tun mit dem Zeitgeist.

SOHN: Nee, bloß mit deinen schlechten Nerven!

VATER: Du ... Paß bloß auf!

SOHN: Das hat Charlys Vater auch gesagt.

VATER: Was?

SOHN: Daß man aufpassen muß. Auf die Schimpfwörter. Damit man merkt, was los ist – mit dem Zeitgeist ...

Investitionsprobleme

SOHN: Papa, Charly hat gesagt, seine Schwester hat gesagt, ich soll dich mal fragen, was ich bin!

VATER: Du sollst mich fragen, was du bist? Was ist das denn nun wieder?

SOHN: Wetten, daß du nich weißt, was ich bin? Kommst du nie drauf!

VATER: Da kann ich auch gar nicht drauf kommen, weil diese Frage keinerlei Bezugspunkt hat. So gesehen kannst du hunderterlei verschiedenes sein.

SOHN: Ehrlich? Was denn alles?

VATER: Na, zunächst mal ... mein Sohn!

SOHN: Und Mamas Sohn.

VATER: Versteht sich. Und Opas Enkel ... und Tante Marions Neffe ... und ... und ... und ...

SOHN: ... und Charlys Freund!

VATER: O ja – ich hab's nicht vergessen.

SOHN: Und was bin ich sonst noch?

VATER: Nun – aus einem anderen Blickwinkel betrachtet, könnte man sagen: Du bist ein Frage-Ungeheuer, ein Sachenherumschmeißer, ein ziemlich fauler Schüler, ein mäkliger Esser, ein ...

SOHN: Das ist ja alles nur Schlechtes!

VATER: Immer schön abwarten. Das Gute hebt man sich bekanntlich für zuletzt auf.

SOHN: Das will ich aber lieber gleich hören!

VATER: So, willst du das. Na schön. Dann sagen wir mal, du bist ... intelligent, kontaktfreudig, wißbegierig ...

SOHN: «Wißbegierig» ist was Gutes?

VATER: Ja, sicher.

SOHN: Und was ist dann «Frage-Ungeheuer»??

VATER: Die Übertreibung der Wißbegier. «Alles, was man übertreibt ...

SOHN: ... verwandelt sich in Leid.» Ich weiß. Aber jedenfalls bin ich noch was ganz andres. Worauf du überhaupt noch nich gekommen bist.

VATER: Das bezweifle ich ja gar nicht. Also? Was bist du Geheimnisvolles?

SOHN: Ich bin eine «Humaninvestition»!

VATER: Eine was?

SOHN: Eine Humaninvestition. Und meine Schwester, die ist ...

VATER: ... deine Schwester? Sag mal, träumst du, oder ...

SOHN: Laß mich doch mal ausreden! Meine Schwester – ich meine, die, die ich immer haben wollte und die ich nich gekriegt habe –, die ist eine «unterlassene Humaninvestition»! Da staunst du, was?

VATER: Allerdings, ja! Besonders darüber, daß du dieses Wortungetüm behalten hast!

SOHN: War auch gar nich so leicht.

VATER: Hättest du dir auch sparen können. «Unterlassene Humaninvestition». Ist doch nicht zu fassen, was sich Charlys Schwester alles ausdenkt!

SOHN: Die doch nicht! Das war so 'n Experte von der Regierung. Der ist nämlich auf die Frauen sauer, weil die das unterlassen. Mit dem Kinderkriegen.

VATER: «Sauer» ist in diesem Zusammenhang wohl kein passender Ausdruck.

SOHN: Jedenfalls hat er gesagt, daß die Frauen nich mehr investieren wollen. In dieses Humane. Was heißt 'n eigentlich «human»?

VATER: «Human» heißt «menschlich».

SOHN: Ach so. – Und warum sagt der dann nich einfach: Kinderkriegen ist menschlich?

VATER *lacht*: Das werden wir ihm mal sagen, das ist ein guter Vorschlag.

SOHN: Vielleicht gibt's so wenig Kinder, weil kein Mensch versteht, was das heißt, «Humaninvestition».

VATER: Nun überschlag dich mal nicht gleich wieder, ja?

SOHN: Und wieso sagt der «investieren»? Ich denke, das machen die immer nur bei Fabriken oder so was.

VATER: So eng würde ich das nicht sehen. Auch in Kinder wird eine ganze Menge «investiert» – von den Eltern.

SOHN: Was denn?

VATER: Was denn ...? Zeit und Geld. Und natürlich auch und vor allem Gefühle. Liebe.

SOHN: Liebe ist auch Investition?

VATER: Na ja, zu Liebe paßt das Wort Investition nicht besonders gut, das ist schon wahr.

SOHN: Dann hat der wohl bloß an Geld gedacht und nich an Liebe, dieser Experte, wie?

VATER: Er hat mit Sicherheit vor allem an die Zukunft gedacht. Mit allem, was der Mensch vorausschauend tut, investiert er auch für die Zukunft. Und den Kindern wiederum gehört schließlich die Zukunft.

SOHN: Ich denke, die gehört den Computern.

VATER: Wenn du nicht vernünftig reden willst, dann lassen wir's sein, ja?

SOHN: Wieso denn? Stand doch neulich in der Zeitung: Die Zukunft gehört dem Computer – oder so ähnlich.

Der Vater bleibt ostentativ stumm.

Also schön, gehört sie eben beiden. Und wo muß man nun investieren?

Sprüche vom Geld

Für Geld kann man …

... den Teufel tanzen lassen, meint ein altes Sprichwort aus dem Oldenburgischen.

Nun mag es für manch einen ja ganz verlockend sein, den Teufel nach seiner Pfeife tanzen zu lassen, aber es gibt natürlich noch eine ganze Menge andere Dinge, die man für sein Geld haben kann.

Wichtig ist im Grunde genommen nur, daß man überhaupt welches hat und weiß, wie man es wahren oder gar mehren kann ...

VATER *lustlos*: Überall. Der Staat begrüßt Investitionen auf allen Gebieten.

SOHN: Und warum macht der Staat das nich selber mit dem Investieren?

VATER: Weil der Staat sich bei uns nicht in alles reinhängt, deshalb! Der Staat wird vor allem raten und helfen, und das tut er auch!

SOHN: Auch beim Kinderkriegen?

VATER: Auch was die Kinder angeht, wird der Staat helfen und ... Mut machen.

SOHN: Wozu denn Mut? Eltern haben doch keine Angst vor ihren Kindern!

VATER: Nicht vor ihren Kindern natürlich, wenn sie erst mal da sind – obwohl es auch das schon gegeben haben soll –, aber vielleicht davor, überhaupt Verantwortung für Kinder zu übernehmen. Und um diese ... Bedenken zu zerstreuen, kann der Staat natürlich einiges machen.

SOHN: Du meinst, er kann die Raketen abschaffen, damit die Menschen keine Angst mehr haben und ...

VATER: Nein! Nicht schon wieder dieses Thema! Der Staat kann – zum Beispiel – finanzielle Unterstützung geben. Mit dem Kindergeld zum Beispiel.

Kleine Pause.

SOHN: Charlys Schwester hat gesagt, mit dem Kindergeld, da machen sie dauernd hü und hott; da wissen die Eltern gar nich mehr, ob sie nun Kinder kriegen sollen oder nich.

VATER: Mein Gott, die Menschen bekommen ihre Kinder doch nicht wegen des Kindergeldes! Das ist doch nur ein ... ein Anreiz.

SOHN: Ein Anreiz?

VATER: Eine Unterstützung.

SOHN: Wozu will denn der Staat überhaupt so viele Kinder.

Wo die doch überall soviel Krach machen und immer stören.

VATER: Wenn du noch lange redest, werde ich mich das auch fragen. Im übrigen braucht nicht jeder Staat mehr Kinder. In manchen Ländern gibt es sogar zuviel. Aber bei uns sind es zuwenig.

SOHN: Bei uns in der Schule sind die Klassen aber knallvoll mit Kindern. Fänd ich viel besser, wenn das weniger wären, weil man gar nich mehr rankommt, wenn man sich meldet.

VATER: Das ist ein anderes Problem. Im ganzen sind es trotzdem zuwenig Kinder.

SOHN: Jedenfalls, Charlys Schwester sagt, sie ist froh, daß sie schon siebzehn ist.

VATER: Damit die Polizei sie nicht mehr nach zehn Uhr abends aus der Disco rausholen kann, wie?

SOHN: Nee, weil's damals, als sie geboren wurde, das Wort noch nich gab.

VATER: Welches Wort?

SOHN: «Humaninvestition».

VATER: Wenn sie das Wort genausooft benutzt wie du, muß es ihr doch sehr gut gefallen!

SOHN: Gar nicht. Aber weil sie schon siebzehn ist, weiß sie wenigstens, daß ihre Eltern noch nich human investiert haben. Weil sie nämlich nich so 'n Wirtschaftsprodukt sein will.

VATER: Das ist schon wieder so eine verquaste Logik. Was jemand ist oder sein will, das ist doch nicht von irgendeinem Modewort abhängig.

SOHN: Aber Charly sagt, seine Schwester sagt, wenn die erst mal «Humaninvestition» sagen, dann sagen sie später auch noch was anderes. Vielleicht.

VATER: Wann später?

SOHN: Wenn man älter ist. Und wenn man nich so geworden ist, wie alle gedacht haben.

VATER: Das soll vorkommen!
SOHN: Ja, und dann sagen sie das vielleicht von einem.
VATER *ungeduldig*: Was denn?
SOHN: Daß man eine «Fehlinvestition» ist ...

Freundestreue

SOHN: Papa, Charly hat gesagt, sein Vater hat gesagt, Freunde sind ganz schön anstrengend!

VATER: Das kommt wohl ganz auf die Freunde an. Wenn Charlys Vater natürlich lauter kaputte Typen als Freunde hat ...

SOHN: Hat er doch gar nicht!

VATER: Dann verstehe ich seine Behauptung nicht. Bei Freunden erholt man sich doch eher – wenn es wirkliche Freunde sind. Weil sie einem das Gefühl von Zuverlässigkeit und Beständigkeit im Leben vermitteln.

SOHN: Solln ja auch beständig sein, Freunde.

VATER: Na also. Und dann sind sie auch nicht anstrengend.

SOHN: Doch, gerade! Weil man ja immerzu dran arbeiten muß an so 'ner Freundschaft – sagt Charlys Vater.

VATER: Dran arbeiten! Charlys Vater möchte sich seine Freunde wohl zurechtkneten wie ... wie eine Tonvase, was?! Das ist wieder mal eine Anmaßung sondergleichen.

SOHN: Charlys Vater hat doch kein Wort von «kneten» gesagt!

VATER: Natürlich nicht, das hab ich ja auch gesagt.

SOHN: Aber er sagt doch nur, wenn man richtige Freunde hat, dann hat man auch gleich einen ganzen Haufen Verantwortung.

VATER: Verantwortung hat man nur für Menschen, die von einem abhängen. Für seine Familie zum Beispiel oder auch – als Unternehmer – für seine Arbeiter und Angestellten.

SOHN: Und für Freunde nicht?

VATER: Nicht wenn sie erwachsen sind – und bei klarem Verstand.

SOHN: Und wenn sie nicht bei klarem Verstand sind?

VATER: Meine Freunde sind alle bei klarem Verstand, wenn ich das mal bemerken darf!

SOHN: Immer?

VATER: Was heißt «immer»?

SOHN: Bei Onkel Roland hast du damals gesagt: «Jetzt hat er völlig den Verstand verloren!»

VATER: So hab ich das bestimmt nicht ausgedrückt!

SOHN: Doch. Und dann hast du noch gesagt, daß er nur noch Scheiße baut!

VATER: Jetzt halt aber mal den Rand, ja? Onkel Roland hat vor einiger Zeit lediglich ein paar ... Fehlentscheidungen getroffen, und die hat er längst wieder rückgängig gemacht.

SOHN: Weil du mit ihm geschimpft hast?

VATER: Weil ich ihm klarmachen konnte, daß er auf einem falschen Weg war. Sagen wir es so.

SOHN: Ist er immer noch dein Freund?

VATER: Natürlich ist er immer noch mein Freund!

SOHN: Charlys Vater sagt auch, 'ne richtige Freundschaft kann ganz schön was aushalten. Und da braucht man keine Angst zu haben, wenn man seinem Freund mal die Meinung sagt.

VATER: Ja, ja, schon gut ...

SOHN: Und das is eben die Verantwortung. Daß man einem Freund sagen muß, wenn er Scheiße baut!

VATER: Du sollst diese Ausdrücke lassen!!

SOHN: Ich mein ja nur ... Weil Charlys Vater sagt, daß die Politiker immer denken, sie können einem Freund nich ...

VATER: ... laß die Politiker aus dem Spiel, ja? Laß uns bei ganz schlichten, persönlichen Freundschaften bleiben!

SOHN: Jedenfalls ... Charlys Vater sagt, wenn man seinen Freunden immer nach dem Mund redet – das ist keine Freundschaft.

VATER: Und wenn man ständig an ihnen herumkritisiert, ist es auch keine Freundschaft! Freunde muß man in erster Linie nehmen, wie sie sind!

SOHN: Aber er sagt, bei uns gibt's so 'ne blöde Nibelungentreue – so durch dick und dünn, ganz egal, was für Sch ... was für Mist dabei rauskommt!

VATER: Nibelungentreue! Ich wette, Charlys Vater hat weder die Nibelungen gelesen noch weiß er, was das Schlagwort «Nibelungentreue» bedeutet!

SOHN: Was bedeutet es denn?

VATER: Es bedeutet ... also, es ist in der Geschichte einige Male verwandt worden, wenn es darum ging, zu einem Bündnis zu stehen ... also, seinem Freund in einem militärischen Konflikt zur Seite zu stehen. Wenn ich mich recht entsinne, wurde es auch 1914 – vor dem Ersten Weltkrieg – benutzt.

SOHN: Mann, du weißt aber wirklich alles, Papa!

VATER: Nicht alles – aber doch so einiges ...

SOHN: Und war das nun gut mit der Nibelungentreue? 1914?

VATER: Also komm, laß uns nicht die Weltgeschichte aufarbeiten, ja? Treue – wenn man das etwas feierliche Wort schon benutzen will, und gelegentlich sollte man es ruhig wieder benutzen – Treue zu Freunden hat jedenfalls einen hohen moralischen Wert!

SOHN: Charlys Vater sagt, Treue is auch, wenn man widerspricht!

VATER: Na, dann bist du vermutlich der treueste Sohn, den die Welt je gesehen hat!

SOHN: Bin ich ja auch. Ich will echt, Papa, daß es dir immer gutgeht!

VATER: Das ist sehr lieb von dir und außerdem auch sehr klug. Denn wenn es mir gutgeht, wird es dir auch gutgehen.

SOHN: Wie bei Freunden, nich?

VATER: Ja, wie bei Freunden.

SOHN: Papa? Mama hat richtig Angst gehabt bei der Sache mit Onkel Roland, nich? Weil der uns vielleicht mit reingerissen hätte.

VATER: Was denn? Hat sie das zu dir gesagt?

SOHN: Nö, das hab ich bloß so mitgekriegt ...

VATER: Also, ich muß schon sagen, manchmal wünschte ich wirklich, wir hätten eine Altbauwohnung mit einem zehn Meter langen Korridor – und ganz am Ende dieses Korridors wäre dein Kinderzimmer!

SOHN *kichert*: Könnte ich trotzdem noch an eure Tür schleichen und horchen!

VATER: Den Eindruck hab ich allerdings jetzt schon! Daß du horchst! Und das mißfällt mir außerordentlich, dieses ... Rumspionieren!

SOHN: Ich spioniere nich. Ich informiere mich bloß.

VATER: Das ist nun wirklich eine ganz unverfrorene Umschreibung deiner uferlosen Neugier!

SOHN: Du hast doch grade gesagt, wenn's dir gutgeht, geht's mir auch gut.

VATER: Ja, und?

SOHN: Na, und wenn's dir schlechtgeht, geht's mir auch schlecht. Muß ich mich doch informieren.

VATER: Also – da es uns beiden nun gottlob nicht schlecht, sondern gutgeht, können wir's wohl damit bewenden lassen.

SOHN: Kam ja bloß, weil du gesagt hast, bei Freunden erholt man sich. Dabei muß man sich ganz schön kümmern!

VATER: Dann kümmere du dich erst mal um deinen lieben Freund Charly, das wäre mir sehr recht!

SOHN: Der macht ja gar nichts. – Aber dem Stefan Heidermann, dem hab ich neulich 'ne Pistole weggenommen!

VATER: Na hör mal, damit hast du deine Befugnisse aber ganz entschieden überschritten! Wir haben doch keine Selbstjustiz!

SOHN: Wenn der aber so 'ne blöde Gaspistole hatte?

VATER: Warum hat er sich die denn angeschafft?

SOHN: Nur so, für alle Fälle.

VATER: Wie dem auch sei – du hattest kein Recht, sie ihm wegzunehmen.

SOHN: Aber wenn ich nachher noch selber was abkriege, wenn der damit rumfuchtelt?

VATER: Trotzdem ist mir das sehr unangenehm. Du weißt, daß ich mit Familie Heidermann laufend zu tun habe …

SOHN: Ist doch alles in Ordnung, Papa. Wir haben die Pistole längst weggeschmissen. Der Stefan will doch auch, daß wir Freunde bleiben.

VATER: So. – Na, dann erlaubst du wohl, daß ich endlich meine Zeitung weiterlese, wie?

SOHN: Hab ich dich genervt?

VATER: Nein, nein, hast du nicht. War ja ein wichtiges Thema. Und ich bin ja schon immer ganz glücklich, wenn du mal von was anderem redest als von Politik.

SOHN: Aber, Papa, ich hab doch die ganze Zeit von Politik geredet!

Selten so gelacht ...

SOHN: Papa, Charly hat gesagt, sein Vater hat gesagt, Lachen ist gar nicht immer gesund!

VATER: Wie? Was ist nicht gesund?

SOHN: Lachen! Weil es doch heißt: «Lachen ist gesund.» Kommt aber immer drauf an, für wen! Sagt Charlys Vater.

VATER: Ja sicher, für jemanden mit einem frisch operierten Blinddarm ist Lachen garantiert nicht gesund ...

SOHN: Wegen Bauchschmerzen ...

VATER: So ist es.

SOHN: Charlys Vater kriegt aber auch ohne frischen Blinddarm Bauchschmerzen.

VATER: Beim Lachen? Dann soll er mal schleunigst zum Arzt gehen.

SOHN: Doch nicht, wenn er lacht! Wenn andre lachen! Ich meine, worüber die so lachen.

VATER: Also, vielleicht darf noch jeder Mensch lachen, worüber er will, ja? Das ist ja schon wieder nicht zum Aushalten!

SOHN: Das sagt Charlys Vater ja grade. Daß das manchmal nicht zum Aushalten ist – was die Leute so komisch finden.

VATER: Er braucht ja nicht mitzulachen, wenn er was nicht komisch findet. So einfach ist das!

SOHN: Nee, so einfach ist das gar nicht. Weil, Charlys Vater sagt, man muß auch was machen, daß denen das Lachen vergeht.

VATER: Was denn nun noch? Will er sich vielleicht mit jedem prügeln, dessen Lachen ihm nicht gefällt?

SOHN: Ich hab mich auch schon geprügelt ... mit dem Werner.

VATER: Weil er an der falschen Stelle gelacht hat?

SOHN: Nee. Weil er wollte, daß alle andern lachen. Der kommt jeden Tag mit irgendeinem neuen Türkenwitz an. Richtige Naziwitze sind das! Mit Vergasen und so was. Ali hat beinah geheult. Und da haben wir ihn eben verprügelt, den Werner.

VATER: Also, das läßt du bitte in Zukunft sein, ja? Diese Witze gefallen mir zwar auch nicht – ganz und gar nicht! –, aber es wird immer Menschen geben, die sich wichtig machen und unpassende Witze erzählen ...

SOHN: ... gemeine Witze!

VATER: Ja doch, du hast ja recht. Und trotzdem, ein paar häßliche Türkenwitze machen noch lange keine Nazis.

SOHN: Wieviel Witze müssen es denn sein? Bis sie Nazis machen?

VATER: Nun paß mal auf: durch dumme Witze wird kein Mensch seine Ansichten ändern. Manchmal sind Witze ja auch nur so eine Art Ventil, um persönlichen Ärger loszuwerden.

SOHN: Was denn für 'n «persönlicher Ärger»? Die meisten kennen ja gar keine Ausländer. Das isses ja grade. Wenn man nämlich selber einen kennt, dann ...

VATER: Ja, ja, ich weiß. Ali ist dein zweitbester Freund, und das kann er auch gern bleiben. – Und er sollte sich wirklich nicht über irgendeinen törichten Witz aufregen. Soll er sich doch mit den Politikern trösten. Die müssen sich ganz andere Witze gefallen lassen!

SOHN: Denen tut aber keiner was, den Politikern. Außerdem – die sind echt komisch, diese Witze. Kennste den? Kohl und Strauß und der Papst sitzen im Flugzeug und plötzlich ...

VATER: Nein danke! Diese albernen Witze will ich nun wieder nicht hören!

SOHN: Brauchst ja nich zu lachen, wenn du ihn nich komisch findest. Also: Kohl und Strauß und der Papst...

VATER: Nein, hab ich gesagt! Ich will von dir keine politischen Witze hören, ein für allemal!

SOHN: Warum denn nich?

VATER: Weil ich es nicht wünsche, punktum. Wenn du unbedingt durch Witzeerzählen glänzen willst, guck in die Zeitschriften. Da stehen genug drin.

SOHN: Über die regt sich Charlys Schwester immer auf, weil die meistens so ungerecht sind. Sagt sie.

VATER: Ungerecht? Also, ich muß dir sagen, mir genügt es, wenn's in der Wirklichkeit einigermaßen gerecht zugeht. Da werde ich nicht auch noch die Witze nach gerechten und ungerechten sortieren.

SOHN: Aber es gibt echt ganz viele blöde Witze, Papa. Über alte Frauen zum Beispiel oder über Frauen, die nich so hübsch sind.

VATER: Es gibt genauso viele Witze, in denen Männer schlecht wegkommen. Und sollte es tatsächlich mehr Witze über Frauen geben, dann liegt das eben daran, daß Männern mehr Witze einfallen. Vielleicht sind Männer phantasievoller, was die Erfindung von Witzen angeht...

SOHN: Aber die sind gar nicht komisch, die Witze – eigentlich...

VATER: Auch gut, dann lacht wenigstens keiner.

SOHN: Du hast aber gelacht. Bei dem Witz von Herrn Weber.

VATER: Welchen Witz bitte soll Herr Dr. Weber denn erzählt haben?

SOHN: Zum Beispiel den von den Medikamenten und den Nebenwirkungen.

VATER: Kann ich mich nicht erinnern.

SOHN: Na – da sagt ein Mann zum andern, daß es so schreckliche Nebenwirkungen gibt. Bei Medikamenten. Und da sagt der andere: Ja, ich weiß, meine Schwiegermutter nimmt seit Jahren Medikamente, und nun ist sie schon fünfundachtzig geworden!

Kleines Lachen des Vaters, das er aber sofort unterdrückt.

VATER: Na ja ... eben ein Witz wie viele andere ... nichts Besonderes.

SOHN: Oma hätte den bestimmt nicht komisch gefunden – wo sie auch schon über achtzig ist.

VATER: Oma war ja nicht dabei! Hauptsache, man erzählt solche Witze nicht in Gegenwart von Betroffenen.

SOHN: Hat Herr Weber aber gemacht.

VATER: Wieso denn? Es war doch keine alte Dame anwesend.

SOHN: Ich mein ja auch einen anderen Witz.

VATER: Also mein Lieber, ich denke, das war das letzte Mal, daß du dabeisein durftest, wenn wir Besuch haben!

SOHN: Wegen der Witze? Weil ich die nicht hören soll?

VATER: Wegen deiner unerträglichen Angewohnheit, alles und jedes aus dem Haus zu tragen und es Charlys Familie auf dem Küchentisch zu präsentieren!

SOHN: Hab ich gar nicht gemacht! Konnte ich ja selber sehen, daß Frau Weber beleidigt war.

VATER: Meine Güte, Herr Dr. Weber hatte schon ein bißchen getrunken. Da sagt man schon mal was, was man sonst nicht sagen würde.

SOHN: Du sagst doch immer, «im Wein liegt Wahrheit». Papa? Glaubst du, Herr Weber will, daß seine Frau tot ist?

VATER: Um Himmels willen, nein! Das ist eine sehr gute ... eine ganz normale Ehe!

SOHN: Und warum erzählt er dann so 'n Witz? Erinnerst du dich denn nicht?

VATER: Ich behalte keine Witze. Und du kannst dir auch sparen, die in deinem Kopf zu speichern!

SOHN: Mama hat den aber auch gespeichert. Weil sie sich so geärgert hat. Der ging nämlich so ...

VATER: Danke, laß ihn uns vergessen, ja?

SOHN: Der ging so: Alle Frauen sind verschieden – bloß meine leider nicht.

VATER: Ach so, der – na ja. Dummes Wortspiel, weiter nichts.

SOHN: Du hast aber gelacht!

VATER: Ich wollte nicht unhöflich sein, deshalb. Ist doch peinlich, wenn jemand einen Witz erzählt – und dann lacht kein Mensch.

SOHN: Kann doch ruhig peinlich sein! Dann merkt der wenigstens gleich, daß man seinen Witz nicht hören will!

VATER: Ja doch, stimmt ja schon. Aber in der konkreten Situation, da will man eben keinen kränken.

SOHN: Einen kränkt man ja sowieso. Entweder den Witzeerzähler oder den, über den man lachen soll – in dem Witz.

VATER: Den Witz braucht ja keiner auf sich persönlich zu beziehen. Und man kann's nun mal nicht jedem recht machen, nicht?

SOHN: Nee, das geht nich.

VATER: Na also.

SOHN: Aber wieso soll man's grade dem Falschen recht machen?

Sag mir, wo die Feinde sind

SOHN: Papa, Charly hat gesagt, seine Schwester hat gesagt, sie hat mal nachgedacht über Feinde!

VATER: Hat sie nachgedacht über Katze und Maus, Fuchs und Hase, Löwe und ...

SOHN: ... nein doch, keine Tiere! Sie meint die Feinde, von denen die Politiker immer in ihren Reden reden.

VATER: Die Politiker reden nicht von «Feinden», sondern von «Gegnern».

SOHN: Ist doch dasselbe.

VATER: Nein, das ist es nicht. «Feinde» bekämpft man, und mit «Gegnern» setzt man sich auseinander – verhandelt man.

SOHN: Zum Verhandeln braucht man doch keine Waffen.

VATER: Aber doch, gerade.

SOHN: Dann ist «Gegner» ja doch dasselbe wie «Feind».

VATER: Wollen wir jetzt Wortspielereien machen?

SOHN: Gar nicht. Ich will dir bloß sagen, was Charlys Schwester rausgefunden hat. Sie sagt, alle Staaten denken immer, daß sie Feinde haben und daß sie sich deswegen die wahnsinnigsten Waffen ausdenken müssen, damit ihnen nichts passiert.

VATER: Und das ist alles, was Charlys Schwester herausgefunden hat?

SOHN: Nee, das geht ja erst los. Sie sagt nämlich, man braucht die ganzen Völker nur mal in einzelne Menschen aufzuteilen, dann gibt's überhaupt keine Feinde. Dann sind die echt weg!

VATER: Und wo sind sie geblieben?

SOHN: Nirgends. Die gibt's eben gar nicht.

VATER: Aha. Na, dann wollen wir Charlys Schwester doch am besten ihren Tagträumen überlassen und uns anderen Dingen zuwenden.

SOHN: Hör doch erst mal zu! Fangen wir mal mit den Obersten an: Was glaubst du – wenn man den Reagan und den Scher ... nee, den Tscher... Tschermen...

VATER: Tschernenko!

SOHN: Ja, wenn man die beiden in einem Zimmer allein lassen würde, glaubst du, die würden sich umbringen?

VATER: Oh, mein Gott, was ist das schon wieder? Natürlich würden sie sich nicht umbringen, das ist ja eine abstruse Vorstellung!

SOHN: Du meinst, die hassen sich nicht – bis aufs Blut?

VATER: Nein, sie hassen sich als Person sicherlich nicht.

SOHN: Na bitte. Und nun nehmen wir mal die Dichter und die Maler und die Musiker und solche Leute. Glaubst du, wenn da welche in Rußland wohnen und welche in Amerika oder sonstwo – glaubst du, das sind Feinde?

VATER *gequält*: Neiin ...

SOHN: Charlys Schwester sagt, die finden sich richtig interessant und die wollen eigentlich viel mehr zusammen machen.

VATER: Sie machen ja schon allerlei zusammen. Der Kulturaustausch zwischen den einzelnen Staaten wird ja nach Möglichkeit gepflegt. – Du brauchst auch gar nicht weiterzureden, ich weiß schon, worauf du hinauswillst, und das ist leider ...

SOHN: ... ich möchte aber noch weiterreden! Jetzt sind erst mal die Sportler dran. Die sind nämlich echt keine Feinde. Die geben sich doch sogar die Hand und hauen sich auf die Schulter, wenn sie Tennis gespielt haben oder Fußball oder sonst was!

VATER: Beim Fußballspielen treten sie sich wohl eher gegens Schienenbein, wenn ich richtig beobachtet habe.

SOHN: Das machen doch alle, Papa! Das hat doch nichts mit Feindschaft zu tun. Und meistens machen sie das sowieso nicht mit Absicht.

VATER: Ja, ja, schon gut ...

SOHN: Jedenfalls, die wollen sich nicht gegenseitig umbringen, die Sportler, oder?

VATER: Nein doch! Sportler haben ja gerade ein besonderes Verhältnis zu dem Begriff der Fairness. Die respektieren sich natürlich weltweit.

SOHN: Aber die Arbeiter respektieren sich auch, oder? Und Charlys Schwester sagt, die Arbeiter, das sind die meisten.

VATER: Das sind sie wohl ...

SOHN: Denkst du nun, ein deutscher Arbeiter, der würde – so von sich aus – irgendeinen Arbeiter aus einem andern Land erschießen?

VATER: Also, tu mir die Liebe und argumentiere dich jetzt nicht durch sämtliche Berufsgruppen durch! Selbstverständlich wird auch ein deutscher Buchhalter keinen chinesischen Buchhalter umbringen wollen, und ein russischer Arzt wird keinem amerikanischen Arzt ein Haar krümmen. Aber das besagt doch alles überhaupt nichts!

SOHN: Dann laß ich das jetzt mal mit den Berufen.

VATER: Das ist eine gute Idee, ja ...

SOHN: Dann nehm ich jetzt einfach mal die Mütter.

VATER: Die Mütter! Willst du mir jetzt wirklich noch erzählen, daß eine Mutter mit einem Baby auf dem Arm vermutlich nicht daran denken wird, einer anderen Mutter mit Baby irgend etwas Böses anzutun oder auch nur zu wünschen?

SOHN: Ja, so ähnlich. Aber man kann statt «Mütter» natürlich auch «Frauen» sagen. Frauen überhaupt.

VATER: Und wieso dann nicht auch gleich «Männer überhaupt»? Männer sind doch nicht bösartiger als Frauen!

SOHN: Aber die Männer haben sich doch immer die ganzen Waffen ausgedacht.

VATER: Das haben sie, weil dem Mann vom Anfang der Menschheit an die Aufgabe zugefallen ist, seine Familie zu schützen. Erst die Familie, dann den Stamm oder die Dorfgemeinschaft, später das ganze Volk und jetzt auch die einzelnen großen Staaten.

SOHN: Das paßt doch aber alles nicht mehr, heute.

VATER: Das paßt schon immer noch! Oder glaubst du, wenn ... wenn wir nachts einen Einbrecher hören würden, dann würde ich Mama wecken und sie bitten, doch mal nachzusehen?! Das wäre doch selbstverständlich ich, der sich einer möglichen Gefahr stellen würde!

SOHN: Das würde Mama aber gar nicht erlauben. Die würde sagen, du sollst ganz still sein und die Polizei anrufen.

VATER: Es könnte ja immerhin sein, daß Eile geboten ist, weil ... der Verbrecher vielleicht schon die Treppe hochkommt. Dann kann man nicht erst auf die Polizei warten!

SOHN: Dann könnten wir immer noch aus dem Fenster ins Blumenbeet springen. Da würden wir uns auch nicht viel tun ...

VATER: Sag mal, kannst oder willst du mich nicht verstehen? Ich will dir mit alldem lediglich die Rolle des Mannes innerhalb des menschlichen Zusammenlebens klarmachen.

SOHN: Aber das hat doch auch nichts mit Feinden zu tun.

VATER: Nicht in dem Sinne mit Feinden, aber mit Gefahren.

SOHN: Aber Charlys Schwester hat doch nur von Feinden geredet. Und sie sagt eben, die gibt's gar nicht, wenn man die Menschen einzeln nimmt.

VATER: Man kann aber die Menschen nicht einzeln nehmen, weil sie nicht einzeln vorkommen, sondern in Massen! Und da sieht das anders aus. Weil die eine Masse der anderen Masse – mit Recht – nicht traut!

SOHN: Aber die Politiker, die sind doch keine Masse. Die sind doch einzeln. Und wenn die sich immerzu ganz friedlich unterhalten, warum sagen sie denn der Masse nicht, daß es keine Feinde gibt?

VATER: Die Politiker können «der Masse» keine blauäugigen Geschichten erzählen, denn sie stehen unter ganz konkreten Sachzwängen.

SOHN: Was für Sachzwängen?

VATER: Ja, wie soll ich dir das erklären? – Politiker sind dazu da, vor allem für ihre eigenen Bürger einzutreten. Damit es denen möglichst gutgeht. Und sie müssen auf jeden Fall Vorkehrungen treffen, um ihr Land zu schützen.

SOHN: Vor wem?

VATER: Vor ihren Feinden, Herrgott noch mal ...

SOHN: Vor denen, die's eigentlich gar nicht gibt?

VATER: Sie gibt es eben doch.

SOHN: Ich hab keine.

VATER: Kinder haben ja auch noch keine Feinde.

SOHN: Kinder gibt's aber auch massenhaft in der Welt ...

VATER: O ja, allerdings ...

SOHN: Und wenn die schon mal keine Feinde haben, und die Mütter auch nicht, und die Arbeiter nicht und die Ärzte und Dichter und ...

VATER: Fang jetzt bitte nicht noch einmal von vorne an, nein?!

SOHN: Dann erklär's mir doch mal!
VATER: Was soll ich dir erklären?
SOHN: Für wen dann eigentlich die ganzen Raketen gedacht sind?!

Probleme – und wie man sie nicht löst

SOHN: Papa, Charly hat gesagt, sein Vater hat gesagt, wir kriegen bald 'n neuen Pillenknick!

VATER: Was geht denn dich der Pillenknick an? Alt oder neu, oder was auch immer?? Du sparst dir bitte jedes weitere Wort, ja?

SOHN: Aber wir haben in der Klasse auch schon solche Pillenschlucker, und die ...

VATER: Was habt ihr? Du willst mir doch nicht allen Ernstes erzählen, daß zehn- oder elfjährige Mädchen ...

SOHN: ... nee, das sind Jungen.

VATER: Jungen?

SOHN: Ja. Die haben immer so viel rumgezappelt und konnten gar nicht aufpassen. Und nun kriegen sie solche Psychopillen.

VATER: Ach so ...

SOHN: Aber besser in der Schule sind die trotzdem nicht geworden. Der Thomas und der Nico.

VATER: Von einem Tag auf den andern geht das natürlich nicht.

SOHN: Das geht irgendwie überhaupt nicht. Bei der letzten Arbeit ist der Thomas eingeschlafen!

VATER: Wer weiß warum. Vielleicht hat er am Abend ferngesehen bis in die Puppen.

SOHN: Nee, er sagt, das waren diese Psychoterror-Dinger.

VATER: Also bitte! Wir sind doch hier nicht im Krimi! «Psychopharmaka» heißen diese Medikamente – falls es sich um solche handeln sollte.

SOHN: Jedenfalls – Charlys Vater sagt, wir werden schon sehen, wo wir hinkommen, wenn die weiter so rumschmeißen mit diesem Zeug!

VATER: Es hat ja auch keiner damit «rumzuschmeißen»! Weder mit diesen noch mit anderen Medikamenten darf man rumschmeißen.

SOHN: Wird aber geschmissen. Weil das schneller geht.

VATER: Was geht schneller?

SOHN: Tabletten einpfeifen geht schneller, als über Probleme reden.

VATER: Das brauchst du mir nicht zu sagen! Und das wird auch sonst niemand behaupten. Tabletten können allenfalls gewisse übersteigerte Ängste nehmen. Ängste, die das Lernen erschweren oder die verhindern, daß vorhandenes Wissen abgerufen werden kann.

SOHN: Jetzt redest du wie auf der Gebrauchsanweisung, Papa!

VATER: Ich habe noch keine Gebrauchsanweisung für Psychopharmaka gelesen! Und du doch wohl auch nicht, oder?

SOHN: Hat mir aber der Nico erzählt. Neulich vor der Mathe-Arbeit. Und er hat auch gesagt, er ist ganz entspannt. Genau wie es auf der Gebrauchsanweisung steht.

VATER: So. Und hat er nun eine gute Arbeit geschrieben?

SOHN: Nee, wieder 'ne Fünf. Aber Angst hat er keine gehabt!

VATER *lacht*: Tja, auch das entspannteste Gehirn kann nur die Informationen abgeben, die es vorher auch bekommen hat! Keine Angst zu haben, das genügt noch nicht.

SOHN: Der Nico hat sowieso nicht die meiste Angst.
VATER: Wer denn?
SOHN: Seine Eltern. Wenn wir 'ne Arbeit geschrieben haben, dann schlottern die so lange rum, bis die Noten feststehn!
VATER: Dazu haben sie offenbar auch allen Grund.
SOHN: Dann sollen die doch diese Psychodinger schlucken!
VATER: Auch das würde die Probleme kaum lösen – wie wir ja schon festgestellt haben.
SOHN: Und warum sagen die Pillenmacher das dann?
VATER: Also: Erstens sind das keine «Pillenmacher», sondern pharmazeutische Unternehmen, denen die kranke Menschheit schon unendlich viel verdankt! Und zweitens wird garantiert auf keiner Gebrauchsanweisung stehen, daß man mit diesen Tabletten seine sämtlichen Schwierigkeiten aus der Welt schafft!

Pause.

SOHN: Babies haben sowieso noch keine Schwierigkeiten, oder?
VATER: Solange man Bauchkneifen nicht als «Schwierigkeiten» definiert, nein.
SOHN: Aber mit fünf Wochen dürfen sie schon.
VATER: Was?
SOHN: Psychotabletten kriegen. Bei uns.
VATER: Was heißt «bei uns»?
SOHN: In Amerika dürfen sie nicht. Sagt Charlys Vater.
VATER: Dann fehlen wahrscheinlich in Amerika Erfahrungen, die hier schon gemacht wurden!
SOHN: Sind wir grade bei, beim Erfahrungmachen, sagt Charlys Vater. Da können unsere Eltern den amerikanischen Eltern dann sagen, ob die Babies süchtig geworden sind oder nicht.

VATER: Nun halt mal langsam den Rand, ja?! Kein Vater und keine Mutter wird das eigene Kind zum Versuchskaninchen machen lassen!

SOHN: Wenn das auf der Gebrauchsanweisung gar nicht draufsteht? Mit dem Süchtigwerden?

VATER: Wenn das nicht draufsteht, wird das seine Gründe haben.

SOHN: Weil die sonst ihre Pillen nicht loswerden?

VATER: Weil ... Auf deutsche Gebrauchsanweisungen kann man sich jedenfalls verlassen, und damit Schluß!

SOHN: Charlys Vater sagt, vielleicht haben wir in ein paar Jahren jede Menge süchtige Schulkinder. Und das ist dann der neue Pillenknick, weil die dann gar nicht mehr in normale Schulen gehen können!

VATER: Ach, auf diesen billigen Witz läuft das Ganze hinaus? Charlys Vater sollte sich schämen, zynische Wortspiele mit einer so gefährlichen Sache zu machen!

SOHN: Findest du die denn auch gefährlich, diese Psychopillen?

VATER: Sie sind gefährlich, wenn man sie leichtfertig und voreilig benutzt.

SOHN: Verschreibt.

VATER: Nein, benutzt! Was immer der Arzt empfiehlt – entscheiden wird das jeder Mensch selbst.

SOHN: Außer Kindern.

VATER: Ja, das ist ja nun nicht zu ändern. Für Kinder müssen nun mal die Erwachsenen entscheiden.

SOHN: Aber Erwachsene, die darf keiner zwingen, oder?

VATER: Natürlich nicht! Außer es handelt sich um geistig oder seelisch schwerkranke Menschen. – Aber warum in aller Welt bohrst du in einem so abwegigen Thema rum wie ein verhungerter Holzwurm in einem alten Schrank?

SOHN: Weil der Zimmermann Millionen Psychotabletten und Spritzen bestellt hat.

VATER: Was? Der Innenminister? Was hat der denn mit Psychopharmaka zu tun?

SOHN: Das ist wegen Zivilschutz und zur Beruhigung.

VATER: Zu wessen Beruhigung?

SOHN: Von Leuten, die sich aufregen.

VATER: Und wer soll das sein?

SOHN: Weiß ich doch nicht. Charlys Vater hat auch schon überlegt, für wen die wohl gedacht sind.

VATER: Na, mir hat jedenfalls noch keiner eine Beruhigungstablette angeboten!

SOHN: Du regst dich ja auch immer nur zu Hause auf.

VATER: Allerdings, ja! Wo sollte ich mich auch sonst aufregen?

SOHN: Manche regen sich auch auf der Straße auf. Bei Demos oder sonst was.

VATER: Ach. Sind wir also glücklich mal wieder bei Demonstrationen gelandet! Dazu will ich dir sagen: Wenn jemand die öffentliche Sicherheit gefährdet, und wenn er so rumkrakelt, daß er vielleicht Panik verbreitet, und wenn er absolut keine Einsicht zeigt – dann kann es schon sein, daß man ihn mit einer Spritze ruhigstellen muß!

SOHN: Und wenn es so jemand wirklich gibt – für den braucht man doch nicht Millionen Spritzen!

VATER: Aus einem können ja sehr schnell mehr werden! Das hat man alles schon erlebt. Und Politiker müssen nun mal mit vielem rechnen und auf alle denkbaren Probleme vorbereitet sein.

SOHN: Aber wissen die das denn gar nicht?

VATER: Was?

SOHN: Daß man mit Tabletten gar keine Probleme lösen kann!

Verantwortungs-Los

SOHN: Papa, Charly hat gesagt, sein Vater hat gesagt, da steigt ja keiner mehr durch! – Durch diese Verantwortung.

VATER: Auf gut deutsch: Charlys Vater versteht mal wieder irgendwas nicht. Und was ist es diesmal?

SOHN: Er versteht nicht, was die immer alle von Verantwortung tönen.

VATER: Das liegt vermutlich daran, daß Charlys Vater keine Verantwortung zu tragen hat. Beruflich. Oder hat er vielleicht Leute, die unter ihm arbeiten?

SOHN: Weiß ich nich. Doch, ich glaub, ein paar Lehrlinge.

VATER: Na ja – an der Verantwortung hat er ja nicht schwer zu tragen ...

SOHN: Mehr kann er sicher nich bezahlen!

VATER *lacht*: Aber er muß doch die Lehrlinge nicht bezahlen!

SOHN: Aber die Verantwortung. Findet er.

VATER: Was findet er?

SOHN: Er findet, daß jeder nur so viel Verantwortung haben darf, wie er bezahlen kann.

VATER: Hört sich großartig an – aber leider läßt sich Verantwortung nun mal nicht in Geld berechnen. Das wäre ja ... als ob ... man die Temperatur des Badewassers mit dem Zollstock messen wollte!

SOHN: So blöd ist doch keiner.

VATER: Eben. Jeder sieht auf den ersten Blick, daß das nicht geht. Nur Charlys Vater sieht es nicht.

SOHN: Der will doch überhaupt kein Badewasser messen!

VATER: Das war ja auch nur ein Beispiel und sollte deutlich machen, daß Verantwortung sich nicht in Mark und Pfennig ausdrücken läßt.

SOHN: Aber wenn einer zum Beispiel die Verantwortung für . . . für eine Brücke hat?

VATER: Das wäre dann der Statiker. Der die Stabilität berechnen muß.

SOHN: Und wenn die Brücke einkracht? Dann muß er sie bezahlen.

VATER: Das wird er wohl kaum können. Daher wird er in einer Versicherung sein.

SOHN: Die ganz schlimmen Sachen kann man aber gar nich versichern.

VATER: Welche «ganz schlimmen» Sachen?

SOHN: Wenn einer zum Beispiel sagt, daß ein Krieg losgehen soll. Kann doch kein Mensch bezahlen, was dann alles passiert!

VATER: Nein, das kann in der Tat niemand bezahlen. Und das wird daher auch von niemandem erwartet. Alles, was man von einem Menschen erwarten kann, der so schwerwiegende Entscheidungen trifft, ist, daß er sich nach bestem Wissen und Gewissen entscheidet.

SOHN: Nach wessen Gewissen?

VATER: Nach seinem Gewissen natürlich.

SOHN: Und wenn er gar keins hat? Charlys Vater sagt, die Leute, die Kriege anfangen, die haben kein Gewissen.

VATER: Das kann man so nicht sagen. Da gibt es solche und solche Beispiele in der Geschichte. Aber natürlich übernimmt ein Mensch, der über Krieg und Frieden entscheidet, eine fast übermenschliche Verantwortung.

SOHN: Du meinst, er übernimmt sich?

VATER: Das meine ich nicht! Ich meine, so ein Mensch ist ... oder wird ... auf geradezu unzumutbare Weise belastet.

SOHN: Und wenn dann alles schiefgeht?

VATER: Dann ist das sehr tragisch, und der Verantwortliche muß es – wie ich schon sagte – mit seinem Gewissen abmachen.

SOHN: Das nützt doch keinem mehr was.

VATER: Von Nützen oder Nichtnützen ist ja auch gar nicht die Rede.

SOHN: Wovon denn?

VATER: Von ... Sichstellen, Sichbekennen!

SOHN: Wozu bekennen?

VATER: Zu der Verantwortung! Die da getragen wurde ...

SOHN: Charlys Vater sagt, die überheben sich alle mit der Verantwortung. Weil sie die gar nich tragen können!

VATER: Charlys Vater kann eben nur in kleinbürgerlichen Dimensionen denken! Die ... die übergeordneten Kategorien, in denen sich große Verantwortung abspielt, die sind einem Menschen wie ihm verschlossen!

SOHN: Aber er denkt doch nur, die mit der Verantwortung, die sollen lieber vorher besser überlegen, was sie machen.

VATER: Das tun sie auch! Jeder, der wichtige Entscheidungen zu treffen hat, überlegt vorher – lange und gründlich!

SOHN: Aber manche übernehmen die Verantwortung auch erst hinterher! Sagt Charlys Vater. Wenn schon alles gelaufen ist.

VATER: Das, mein Lieber, ist vor allem die üble Praktik bei Terroranschlägen! Da geht dann irgendwo eine Bombe hoch – und nachher meldet sich eine dubiose Organisation und «übernimmt die Verantwortung»! Das ist natürlich eine Farce!

SOHN: Findest du also auch, daß so eine Hinterher-Verantwortung blöde ist.

VATER: Nicht grundsätzlich natürlich. Bei normalen Vorgängen – sagen wir, bei Betriebsunfällen, wenn etwas explodiert oder ein Brand ausgebrochen ist –, da wird ein Verantwortlicher sich schon stellen müssen. Auch hinterher.

SOHN: Und was macht er dann? Wenn er sich hingestellt hat?

VATER: Im Zweifelsfall wird er persönliche Konsequenzen ziehen.

SOHN: Was denn für welche?

VATER: Er wird, zum Beispiel, von seinem Posten zurücktreten.

SOHN: Weiter nichts?

VATER: Na, erlaube mal, das ist doch wohl ein schwerwiegender Beitrag zur Klärung der Verhältnisse! Jeder weiß dann, wo die Verantwortung liegt. Oder lag.

SOHN: Nun «liegt» sie auch noch! Wo das sowieso schon so komisch ist!

VATER: Was ist komisch?

SOHN: Mit der Verantwortung ist alles so komisch. Weil die immer einer «übernimmt». Und wenn man was «übernimmt» – dann kann man es doch vorher gar nich gehabt haben. Und wenn man es vorher nich gehabt hat, dann ...

VATER: Nun laß bitte diese Wortspielereien, ja? Das ist ja mehr als albern.

SOHN: Aber warum sagt einer denn, daß er die Verantwortung übernimmt, wenn er sie sowieso schon hat?

VATER: Weil es manchmal gar nicht so klar ist, wo die Verantwortung lag. Und dann muß es eben noch mal deutlich gesagt werden.

SOHN: Hm. – Und wenn man es deutlich sagt, dann ist es die volle Verantwortung, oder?

VATER *stöhnt*: Mit der vollen Verantwortung ist die alleinige Verantwortung gemeint. Manchmal gibt es ja auch mehrere Verantwortliche.

SOHN: Charlys Vater sagt, die volle Verantwortung ist meistens besonders leer. Ein leeres Gerede, sagt er.

VATER: Wenn hier einer «leeres Gerede» von sich gibt, dann ist es einzig und allein Charlys Vater selbst! Leer und – verantwortungslos!

SOHN: Wieso braucht er denn 'ne Verantwortung, wenn er bloß was sagt?

VATER: Weil man mit falschem Reden genausoviel anrichten kann wie mit falschem Handeln! Deswegen! Und wenn Charlys Vater dir laufend irgendeinen Stuß erzählt, dann handelt er sehr wohl verantwortungslos! Dir gegenüber nämlich!

SOHN: Das macht mir aber nichts.

VATER: Das kannst du gar nicht beurteilen, ob dir das was «macht»! So, und jetzt wechseln wir das Thema – und ich frage dich etwas ganz anderes!

SOHN: Was denn?

VATER: Was ist denn eigentlich aus der Mathe-Arbeit geworden, die ihr vorige Woche geschrieben habt?

SOHN: Och, die ...

VATER: Also, was ist damit?

SOHN: Die ist ... na ja, ich hab sie verhauen.

VATER: Verhauen? Völlig?

SOHN: Total. War alles falsch.

VATER: So. Das ist ja wunderbar! Und was hast du dazu zu sagen?

SOHN: Was soll ich schon sagen? Ich übernehme natürlich die volle Verantwortung!

Natürlicher Kreislauf?

SOHN: Papa, Charly hat gesagt, seine Schwester hat gesagt, über manche Geschenke kann man sich bloß ärgern!

VATER: Was heißt «man»? Immer diese Unsitte, alles zu verallgemeinern! Nicht «man» ärgert sich, Charlys Schwester ärgert sich.

SOHN: Du etwa nicht?

VATER: Von Geschenken kann man allenfalls enttäuscht sein. Ärgern wäre eine ganz unangemessene Reaktion. Schließlich sind Geschenke nichts, auf das man einen Anspruch hätte.

SOHN: Deswegen kann man sich doch ärgern! Du hast dich auch schon geärgert. Über das Diätbuch von Tante Lucie zum Beispiel.

VATER: Das war ja auch mehr als albern. Erstens hat Tante Lucie entschieden mehr Übergewicht als ich, entschieden mehr! ... Und zweitens, was soll ich mit einem Diätbuch. Ich koche ja nicht.

SOHN: Das war aber wenigstens noch 'n Geschenk von der Sorte drei.

VATER: Sortiert Charlys Schwester ihre Geschenke etwa nach Qualitätsunterschieden? Oder nach Preisen?

SOHN: Nee, so doch nicht.

VATER: Sondern?

SOHN: Nach ... wie man sich freut. Paß auf: Sorte eins, das sind die richtig guten Geschenke, wo sich einer echt was bei gedacht hat. Die behält man.

VATER: Ist ja rührend, wirklich ...

SOHN: Und Sorte zwei, das sind die, wo's einer gut gemeint hat, die aber nicht richtig hinhauen. Die tauscht man um – wenn's geht.

VATER: Möglichst in Geschenke, die dem Schenkenden dann überhaupt nicht gefallen!

SOHN: Wieso denn das?

VATER: Ich spreche nur aus Erfahrung ...

SOHN: Mir erlaubst du nie, was umzutauschen, was du gekauft hast!

VATER: Bei dir hab ich ja Gott sei Dank auch noch ein Wort mitzureden!

SOHN: Ach so – du denkst an diese Pelzstola für Mama.

VATER: So ist es ...

SOHN: Aber die schwarze Lederjacke, die sie dafür genommen hat, ist doch echt Spitze!

VATER: Für einen Rocker vielleicht. Aber lassen wir das ...

SOHN: Ist doch aber gut, wenn man noch umtauschen kann. Besser, als wenn es sich gar nicht lohnt. So wie dieser Brieföffner von Onkel Hugo. Was haste denn eigentlich mit dem gemacht?

VATER: Gar nichts. Weggelegt.

SOHN: Der gehört eigentlich in die Sorte drei, zum Weiterverschenken.

VATER: Vielleicht überläßt du freundlicherweise mir, was ich damit mache, ja?

SOHN: Ich mein ja nur. Sorte drei, das sind nämlich all die Sachen, die gar nicht schlecht sind, bloß daß man sie nicht braucht. Oder man hat einen andern Geschmack. Aber andre freuen sich drüber.

VATER: Das ist ja dann auch nicht im Sinne des Gebers. Der wollte schließlich einem ganz bestimmten Menschen eine Freude machen.

SOHN: Macht er ja auch!

VATER: Du hast doch gerade vom Weiterverschenken geredet!

SOHN: Macht doch auch Freude, weiterverschenken!

VATER: Ein persönliches Geschenk ist aber kein Wanderpokal! Das ist dazu gedacht, behalten zu werden.

SOHN: Aber dann freut sich bloß einer. Und beim Weiterverschenken freuen sich immer wieder andre. Da kann man unheimlich viel machen aus einem einzigen Geschenk!

VATER: Alternative Sparmaßnahmen, wie? Ich muß schon sagen ...

SOHN: Charlys Schwester hat mal eine Flasche verfolgt!

VATER: Was hat sie gemacht?

SOHN: Eine Flasche verfolgt. Eine Cognacflasche – also, wo die so geblieben ist, mein ich. Warte mal ... hoffentlich krieg ich das noch zusammen ...

VATER: Streng dich nicht an, ich will das nicht unbedingt wissen.

SOHN: Also ... erst hat ... Charlys Vater die zum Geburtstag gekriegt. Und da hat er sich echt gefreut.

VATER: Und nicht gleich ausgetrunken, vor lauter Freude?

SOHN: Nee, der macht sich nichts aus Cognac.

VATER: Und wieso hat er sich dann gefreut?

SOHN: Weil – da hat er gleich ein Geschenk gehabt für seinen Kollegen. Da war grad so 'ne Feier im Betrieb.

VATER: Ah ja, verstehe ...

SOHN: Aber der Kollege, dem hat der Arzt das Trinken verboten, und da hat der sich gefreut, daß er was für seine Oma im Altenheim hat, zum Mitbringen.

VATER: Und die Oma hat dann ihre Seniorenfreunde damit bewirtet, hoffe ich.

SOHN: Nee. Die Oma hat sich gefreut, daß sie ein schönes Geschenk hatte für einen ganz netten Pfleger. Und der ...

VATER: Moment mal – spätestens an dieser Stelle frage ich mich doch, woher Charlys Schwester das alles weiß!

SOHN: Ja, da wirst du staunen. Dieser Pfleger, das ist nämlich ein Freund von ihr. Und der hätte die Flasche beinahe wieder Charlys Vater geschenkt, wie er mal zu Besuch gekommen ist. Irre, nicht?

VATER: Nicht unkomisch, nein ...

SOHN: Aber dann hat er den Cognac natürlich jemand anders geschenkt. Und zwar dem Typen, der immer sein Auto repariert.

VATER: Also, wenn der jetzt wieder einen Opa im Altenheim hatte ...

SOHN: Nee, der hat ihn selber getrunken!

VATER: Na, Gott sei Dank!

SOHN: Aber da haben sich fünf Leute gefreut! Über eine Flasche. Ist doch toll!

VATER: So toll find ich das nun wieder auch nicht ...

SOHN: Die Geschenksorte drei ist jedenfalls gar nicht schlecht. Und dann kommt noch Sorte vier.

VATER: Und was ist das nun wieder Schönes?

SOHN: Gar nichts Schönes. Das sind die Geschenke, die man gleich wegschmeißen kann.

VATER: Ach, sieh mal an! Die große Kämpferin gegen unsere sogenannte «Wegwerfgesellschaft» und dann, husch, auf den Müll mit den Geschenken! Das haben wir gern!

SOHN: Was soll sie denn machen, wenn es total beknackte Sachen sind?

VATER: Was Charlys Schwester «beknackt» findet, das ist für andere Leute vielleicht eine ... ausgesprochene Offenbarung!

SOHN: Wär das für dich 'ne Offenbarung, wenn du beim Biertrinken einer nackten Frau an den Busen faßt?

VATER: Was ist denn das nun schon wieder?!

SOHN: Ja! Da hat ihr so 'n Hirni zwei Biergläser geschenkt, die hatten die Form von einem nackten Mann und einer nackten Frau. Und wer aus der Frau getrunken hat, der hat seine Hände immer am Busen gehabt. Von der Glasfrau.

VATER: Das ist nun allerdings ein höchst unpassendes Geschenk für ein junges Mädchen. Paßt eher zu einem Männerbiertisch. Da findet man so was vielleicht witzig.

SOHN: Charlys Schwester hat die Dinger gleich weggeschmissen. Und so 'n blödes Buch mit Ärztewitzen gleich dazu.

VATER: Na schön, das ist letztlich ihre Sache ...

SOHN: Sie sagt, wenn sie selber was mies findet, dann soll sich auch kein anderer damit das Gehirn verkleistern.

VATER: Ja, ja, ich hab's schon verstanden. Wenn sie denkt, daß sie damit die Welt verändert ...

SOHN: Würdest du denn so was weiterverschenken?

VATER: Ich pflege überhaupt nichts weiterzuverschenken. Wenn ich etwas schenke, dann mache ich mir nämlich eigens Gedanken über das Geschenk. – Was guckst du denn so? Hast du vielleicht was weiterverschenkt gerade?

SOHN: Nee ... ich nicht.

VATER: Wer denn?

SOHN: Mama, glaub ich ...

VATER: Mama? Und was, bitte?

SOHN: Das Buch mit den Gedichten, das sie von dir hat ...

VATER: Also, jetzt verstehe ich überhaupt nichts mehr! Das war doch ein sehr schöner Auswahlband. Und Mama liebt doch Gedichte!

SOHN: Hast du denn mal reingeguckt, vorher?

VATER: Flüchtig. Ich hab natürlich nicht jedes Gedicht gelesen! ...

SOHN: Is ja nich wegen der Gedichte. Bloß wegen der kleinen Karte.

VATER: Was für eine «kleine Karte»? ...

SOHN: Na so eine «mit lieben Grüßen» oder so was.

VATER: Und ... so eine Karte soll in dem Buch gelegen haben?

SOHN: Hmm. – Mama sagt, die war von deiner Sekretärin!

Wie erkennt man schwarze Schafe?

SOHN: Papa, Charly hat gesagt, sein Vater hat gesagt, das ist ein total schlechtes Bild, das mit den schwarzen Schafen!

VATER: So. Ist er jetzt zu allem Überfluß auch noch unter die Kunstkritiker gegangen ...

SOHN: Nee, wieso?

VATER: Wenn er sich Urteile über Bilder anmaßt?

SOHN: Doch nich so ein Bild. Das ist doch nur, was man sich so vorstellt, wenn man sagt «schwarzes Schaf».

VATER: Ach so, er meint diese Redewendung.

SOHN: Ja, genau.

VATER: Und was hat er daran auszusetzen? Das ist doch in der Tat sehr bildhaft, wenn man von schwarzen Schafen spricht, die plötzlich in einer weißen Herde auftauchen.

SOHN: Nee, das ist ein ganz schlechtes Bild; weil – so 'n schwarzes Schaf, das hat doch bloß 'ne andre Farbe.

VATER: Ja eben, und damit fällt es aus dem Rahmen.

SOHN: Jetzt tust du ja auch schon so, als wenn das 'n richtiges Bild wär!

VATER: Wie?

SOHN: Du hast «Rahmen» gesagt. Wie von einem Bild.

VATER: Ach so – na ja, «aus dem Rahmen fallen», das ist eben auch eine bildhafte Redensart.

SOHN: Jedenfalls – so 'n schwarzes Schaf, das macht doch überhaupt nichts. In so 'ner Herde. Das ist doch genau wie alle andern.

VATER: Was die Farbe angeht, ist es eben nicht wie alle andern.

SOHN: Aber doch nicht schlechter! So persönlich, mein ich.

VATER *lacht*: Ich nehme an, der Schäfer ist weniger an der Persönlichkeit der Schafe als an ihrer Wolle interessiert. Und vermutlich ist schwarze Wolle schlechter zu verkaufen, weil sie sich nicht so gut einfärben läßt.

SOHN: Kann man sie doch schwarz lassen. Schwarze Wolle braucht man doch auch!

VATER: Ja doch, aber wenn jemand weiße Wolle haben will, will er eben weiße Wolle haben, und dann werden die schwarzen Schafe eben aus der Herde genommen. – Was lasse ich mich mit dir überhaupt auf solche Schafsgespräche ein?? Bin ich ein Hirte?

SOHN: Du sollst ja nur mal 'n bißchen nachdenken, das ist nämlich echt interessant!

VATER: Bisher fand ich's nicht sonderlich interessant, «echt».

SOHN: Weil du vielleicht denkst, es geht immer weiter mit richtigen Schafen, nich?

VATER: Womit geht's denn weiter?

SOHN: Mit Menschen. Weil die Leute auch immer denken, die schwarzen Schafe, das sind die, die anders aussehen!

VATER: Wie anders?

SOHN: Na, eben anders. Wie die Punks oder die Penner oder die Ausländer oder so Alternative mit langen Bärten oder ...

VATER: ... danke, danke, es reicht fürs erste. Zumal all diese farblich abweichenden Schafe mittendrin in unserer gesellschaftlichen Herde leben und emsig ihr Gras zupfen. Was soll's also?

SOHN: Die meisten Leute würden die aber am liebsten raus haben aus der Hammelherde, sagt Charlys Vater.

VATER: Danach geht's ja aber nicht. Auch die sogenannten Randgruppen oder Minderheiten genießen den vollen Schutz unserer Gesetze.

SOHN: Aber wenn man immer bloß auf die guckt, die anders aussehen, sagt Charlys Vater, dann findet man die echten schwarzen Schafe gar nicht mehr raus.

VATER: Die echten, aha. Und wer soll das sein?

SOHN: Die, die so aussehen wie alle andern und lauter miese Sachen machen!

VATER: Erschöpfende Definition.

SOHN: Und auf die fallen alle rein, weil die immer extra gute Manieren haben und so was.

VATER: Ja sicher, jeder, der krumme Dinger vorhat, wird sich möglichst unauffällig und unverdächtig verhalten. Von dieser Tatsache leben sämtliche Krimis. Was soll man dagegen tun?

SOHN: Mehr nach innen gucken als nach außen.

VATER: Also, das ist natürlich ein saudummes Gerede, entschuldige schon! Genau das ist doch das Problem, daß man keinem Menschen in den Kopf gucken kann oder ins Herz oder wo sonst auch immer nach «innen»!

SOHN: Aber manchmal kann man sich's schon denken, daß einer nich so anständig is, wie er aussieht. Wegen seinem Beruf. Und weil er soviel Geld hat.

VATER: Natürlich, wer es zu Geld gebracht hat und einen anständigen Anzug mit Krawatte trägt, der ist Charlys Vater von vornherein verdächtig! Und so was nennt er «nach innen» gucken, ja?

SOHN: Er meint doch so Leute, die mit Waffen schieben oder Steuerbetrug machen oder so was.

VATER: Wer verbotene Dinge macht, der wird auch bestraft – früher oder später.

SOHN: Aber erst mal sind alle ganz nett zu ihm, weil man's ihm nicht ansieht.

VATER: Solange jemand noch nicht überführt ist, geht

man natürlich anständig mit ihm um, das ist ja wohl klar, oder?

SOHN: Bei manchen weiß man aber genau, was sie gemacht haben, und trotzdem werden sie gut behandelt, sagt Charlys Vater. Weil sie aussehen wie 'n ganz normaler Bürger.

VATER: Ach, nun hör doch schon auf, das ist ja schrecklich ...

SOHN: So alte Nazis, sagt Charlys Vater, die die wahnsinnigsten Sachen gemacht haben, die ...

VATER: ... wer von solchen Leuten unbestraft geblieben ist, gegen den gibt es keine gesetzliche Handhabe. Aber das kann ich dir jetzt nicht erklären.

SOHN: Und was ist mit diesen Wirtschaftsgangstern? Die sind auch viel schlimmer als einer, der mit 'ner Pudelmütze und 'ner alten Kutte gegen Raketen demonstriert. Aber der kriegt Ärger!

VATER: Nicht wegen des Demonstrierens bekommt einer Ärger und schon gar nicht wegen seines Aussehens, sondern allenfalls wegen verbotener Aktionen.

SOHN: Aber der ist doch trotzdem viel besser als so 'n eleganter Mafia-Boss, oder?

VATER: Also: Erstens weiß ich nicht, ob ein Mafia-Boss elegant ist – ich habe noch keinen gesehen. Und die Polizei hat ihn zumeist auch noch nicht gesehen. Und im übrigen – das ist ja nun wirklich ein ganz alter Hut: «Kleider machen Leute!» Und wer auf ordentliches Aussehen verzichtet, setzt sich immer der Gefahr aus, falsch beurteilt zu werden.

Kleine Pause.

SOHN: Ganz schön blöd ist das, wie?

VATER: Nicht «blöd», sondern eher menschlich. Und im übrigen: vernünftige Menschen, auf die es letztlich ankommt, die lassen sich durch Äußerlichkeiten schon nicht irritieren. Die akzeptieren jeden erst mal so, wie er ist. Egal, wie er aussieht.

SOHN: Glaubst du das wirklich?

VATER: Ja, natürlich.

SOHN: Kann ich mir nicht denken.

VATER: Wieso kannst du dir das nicht denken?

SOHN: Wegen voriger Woche ...

VATER: Was war denn in der vorigen Woche?

SOHN *wütend*: Da hast du meine ganzen Lieblingsklamotten in die Lumpensammlung gegeben!

Eigentlich wär's ja ganz normal ...

SOHN: Papa, Charly hat gesagt, sein Vater hat gesagt, worüber sich die Leute heutzutage wundern – da muß man sich echt Gedanken machen!

VATER: Was denn nun noch? Vielleicht darf man sich noch wundern, ohne das Mißfallen von Charlys Vater zu erregen, oder?

SOHN: Er sagt aber, das ist ein ganz schlechtes Zeichen, wenn die Menschen sich ...

VATER: Also, paß mal auf – falls du mich schon wieder in irgendeine dubiose politische Diskussion verwickeln willst ...

SOHN: ... will ich ja gar nicht! Bei der Politik wundert sich doch sowieso kein Mensch mehr über irgendwas.

VATER: Und worüber wundern sich die Menschen dann, ohne Charlys Vater vorher zu fragen?

SOHN: Über ganz selbstverständliche Sachen!

VATER: Na, das wäre doch ein geradezu «wunderbares» Zeichen!

SOHN: Wieso?

VATER: Weil in unserer Gesellschaft schon viel zuviel selbstverständlich geworden ist. Wäre sehr zu begrüßen, wenn die Menschen sich mal darüber wundern und freuen würden, daß es ihnen so gutgeht!

SOHN: Wenn man sich über ganz normale Sachen wundert, geht's einem aber gar nicht so gut.

VATER: Also jetzt sag endlich, worum's geht, ich hab noch eine kleine Nebenbeschäftigung!

Sohn: Hast du ja immer. Deswegen hab ich mich neulich auch schon gewundert ...

Vater: Worüber bitte?

Sohn: Darüber, daß du eine ganze Stunde mit mir an dem Drachen gebastelt hast. Du bist echt nicht einmal ans Telefon gerannt! Und hast auch nicht gesagt, daß ich jetzt allein weitermachen kann – nach zehn Minuten.

Vater: Ja, da haben wir eben mal Glück gehabt, daß uns nichts gestört hat.

Sohn: Oma geht einfach nicht ran ans Telefon, wenn wir gerade was Schönes machen.

Vater: Oma steht ja auch nicht mehr im Berufsleben, die kann sich das leisten.

Sohn: Mama sagt aber auch, jeder ruft noch mal an, wenn er keinen erreicht hat!

Vater: Daß ich nicht lache! Mama springt doch aus der Badewanne, wenn das Telefon klingelt! – Aber jetzt hast du wohl ein bißchen den Faden verloren, wie?

Sohn: Nee, ich hab ihn noch. Also: Neulich hat Charlys Vater eine Frau gefragt, ob er sie mit nach Hause nehmen darf, nich?

Vater: ... ob er sie mit nach Hause nehmen darf?

Sohn: Ja. Ist doch ganz normal. Die wohnt bei Charlys Vater um die Ecke und hatte ganz schwere Einkaufstaschen.

Vater: Ach so – das ist natürlich ganz normal.

Sohn: Aber die Frau hat sich so gewundert, die hat sich gar nicht mehr eingekriegt. Und dauernd hat sie gesagt, daß ihr das noch nie passiert ist. Und wie sie das bloß wieder gutmachen kann!

Vater: Eine etwas übertriebene Dankbarkeit ...

Sohn: Klar. Wo's doch eigentlich normal ist, so was.

Vater: Eben.

Sohn: Aber wenn ihr das noch nie passiert ist – dann machen die Leute das Normale doch gar nicht!

VATER: Wahrscheinlich geht heute jeder davon aus, daß der andere auch seinen Wagen dabei hat.

SOHN: Bei alten Leuten kann man das doch nicht denken.

VATER: Dann denkt man vielleicht, sie wollen ganz gern laufen und sich ein bißchen Bewegung schaffen.

SOHN: Mit lauter Einkaufstaschen?

VATER: Oder man denkt, sie wollen noch mehr einkaufen, in anderen Geschäften.

SOHN: Also, Papa, echt – du denkst ziemlich viel, damit du 'ne alte Frau nicht mitzunehmen brauchst!

VATER: Um mich geht's hier doch gar nicht! Ich versetze mich lediglich in die Situation anderer.

SOHN: Und warum versetzt du dich nich in die ohne Auto?

VATER: Weil ... also ist es jetzt langsam gut?

SOHN: Du hast neulich selber gesagt, daß wir ganz schön weit gekommen sind!

VATER: In welchem Zusammenhang hab ich das gesagt?

SOHN: Als der Handwerker gekommen ist, wegen dem verstopften Ausguß. Weil du es gar nicht fassen konntest!

VATER: Wie hoch die Rechnung war? Das kann schon sein.

SOHN: Nee, du konntest nich fassen, daß er gesagt hat, er kommt um drei, und dann war er Punkt drei da!

VATER: Ach so, ja! Das war in der Tat eine freudige Überraschung! Mit Pünktlichkeit rechnet man ja heutzutage schon gar nicht mehr.

SOHN: Das meint Charlys Vater ja: wenn man anfängt, sich über normale Sachen zu wundern – dann is was eingerissen.

VATER: Unzuverlässigkeit und Faulheit sind eingerissen, da hat er allerdings recht!

SOHN: Er sagt, Gleichgültigkeit ist eingerissen. Weil jeder bloß noch seinen eigenen Kram im Kopf hat.

VATER: Nun nicht gleich wieder übertreiben, nein? Für «eigenen Kram» kann man auch «eigene Verpflichtungen» oder «eigene Probleme» sagen, das hört sich dann schon anders an.

SOHN: Aber wenn die andern Leute auch Probleme haben?

VATER *stöhnt*: Darf ich mich jetzt wieder meinen Problemen zuwenden? Es besteht nämlich wenig Aussicht, daß mir einer dabei hilft!

SOHN: Ich wollte dich bloß noch fragen, ob du dich nicht über Frau Kulicke gewundert hast.

VATER: Über Frau Kulicke? Also, wenn du mich schon fragst: Ja, ich habe mich gewundert! Seit Jahren das erste Mal, daß sie keine Turnübungen veranstaltet, um die Äpfel von den Zweigen runterzukriegen, die in unseren Garten überhängen. Weit überhängen! Statt dessen hat sie mir ein Marmeladenrezept über den Zaun geflüstert!

SOHN: Weißt du, wie das kommt?

VATER: Vielleicht ist sie verliebt und in verklärter Stimmung ...

SOHN: Nee, sie hat sich bloß auch gewundert.

VATER: Über sich selbst, was?

SOHN: Nein, weil Mama sie gestern zum Kaffee eingeladen hat.

VATER: Was? Diese Person, die uns seit Jahren nichts als Scherereien macht, hat Mama eingeladen?

SOHN: Mama sagt, sie war sehr nett.

VATER: Das möchte ich ihr auch geraten haben! Wenn man sie einlädt!

SOHN: Mama denkt, das hätte sie längst schon mal machen sollen. Weil es eigentlich normal ist.

VATER: Bei Frau Kulicke ist das gar nicht normal, und sie hatte allen Grund, sich zu wundern!

SOHN: Mama hat sich neulich auch gewundert ...

VATER: Langsam glaube ich, ich bin im Wunderland! ... Das ist aber das letzte Wundern, das ich mir anhöre!

SOHN: Das war, als Webers da waren, als sie wieder weg waren ...

VATER: Als sie da waren – als sie weg waren ... nun weiß ich aber Bescheid!

SOHN: Na, als sie da waren, da hat Mama doch ganz toll gekocht, mit allen Schikanen!

VATER: Ja, das hat sie. Hat auch großen Eindruck gemacht.

SOHN: Und als Webers weg waren – da hat sie sich eben gewundert. Über dich.

VATER: Über mich?

SOHN: Ja. Aber eigentlich war's auch was ganz Normales ...

VATER: Also, was nun?

SOHN: Mama sagt, du hast dich zum erstenmal bei ihr bedankt für die ganze Arbeit!

Eigentum macht stabil

SOHN: Papa, Charly hat gesagt, sein Vater hat gesagt, Abschreiben müßte verboten sein!

VATER: Das ist ja wohl auch verboten. Auch wenn das noch keinen Schüler je daran gehindert hat, ins Heft des Nachbarn zu schielen. Aber was ist los? Hat Charly vielleicht von dir abgeschrieben? Mitsamt allen Fehlern?!

SOHN: Ach was – ich red doch nicht von der Schule ...

VATER: Sondern?

SOHN: Von den Leuten, die 'n Haus kaufen, das sie gar nich bezahlen können, und die der Staat dann abschreiben läßt.

VATER: Also – mal abgesehen von deiner unzulänglichen Darstellung dieses Vorgangs – willst du sagen, Charlys Vater hat auch dagegen was einzuwenden? Er müßte doch geradezu jubeln, daß heutzutage, mit Hilfe einer großzügigen Steuergesetzgebung, auch solche Bevölkerungsschichten zu einem eigenen Haus kommen, die früher nur davon träumen konnten!

SOHN: Der jubelt nicht. Der sagt, das ist Verführung.

Der Vater lacht ironisch auf.

Ja! Weil die Leute dann total verschuldet sind. Über beide Ohren!

VATER: Ja doch, ja, dein Pathos reicht ja glatt für sechs Ohren! So dramatisch ist das nun auch wieder nicht. Auf dem Papier hat man zwar eine Menge Schulden, wenn man mit wenig Eigenkapital ans Bauen geht; aber die Rückzahlungsbedingungen werden sehr genau auf den einzelnen Bauherrn zugeschnitten, und am Ende zahlt der monatlich kaum mehr als eine vergleichbare Miete.

SOHN: Aber die müssen dann ewig zittern, die so was machen, sagt Charlys Vater.

VATER: Vor wem denn? Vor einem Hauswirt, der sie raussetzen könnte, müssen sie schon mal nicht zittern.

SOHN: Aber davor, daß sie vielleicht arbeitslos werden. Und mit den Raten nicht mehr klarkommen. Guck mal, wenn da zum Beispiel einer auf 'ner Werft arbeitet, und dann ...

VATER: Spar dir das Weiterreden, das ist nämlich ein ganz schlechtes Beispiel.

SOHN: Wieso denn?

VATER: Weil ein Werftarbeiter kaum dazu verführt werden wird, sich in einen Hausbau zu stürzen. Die Banken wissen ja auch, was sie tun, nicht? Also – einen krisensicheren Beruf muß man schon haben, wenn man sich so hoch verschulden will.

SOHN: Über beide Ohren ...

VATER: Das hatten wir schon ...

SOHN: Und was muß man für 'n Beruf haben?

VATER: Die kann ich dir nicht alle aufzählen. Aber günstig ist es natürlich, wenn man Beamter ist oder Angestellter im öffentlichen Dienst und möglichst schon unkündbar. Denn die Ratenzahlungen laufen ja zum Teil über Jahrzehnte. Aber vielfach arbeitet die Ehefrau ja auch, dann geht's schneller.

SOHN: Und wenn die Frau mal nich mehr arbeiten will? Wegen Kind und so?

VATER: Das muß man sich vorher natürlich alles gut überlegen.

SOHN: Und wenn sich einer scheiden lassen will? Charlys

Vater sagt, wenn alles noch voller Schulden ist, dann ist das ein Riesentheater.

VATER: Ja, das soll's auch ruhig sein! Dann rennt man eben auch nicht, hopplahopp, gleich zum Anwalt, wenn gemeinsamer Besitz da ist!

SOHN: Aber bloß wegen so einem blöden Schuldenhaus kann man doch nich . . .

VATER: . . .ich muß sagen, ich bin einigermaßen entsetzt über dich! Hast du denn gar kein Gefühl dafür, was es heißt, ein zuverlässiges Heim zu haben, ein «Elternhaus» im ursprünglichen Sinn des Wortes?

SOHN: Aber wenn so 'n Elternhaus noch gar nich bezahlt ist? Und wenn man dann gar nich mehr verreisen kann und überhaupt nichts Schönes machen?

VATER: Wenn man weiß, wofür, nimmt man Einschränkungen auch gern in Kauf.

SOHN: Der Rena aus meiner Klasse, der hängt das schon zum Hals raus, das Haus. Bei denen läuft überhaupt nichts mehr. Die Mutter kriegt nich mal mehr 'n neues Fahrrad.

VATER: Dann wird sie eben noch eine Weile mit dem alten fahren.

SOHN: Haben sie ihr doch geklaut!

VATER: Dann gibt's ja auch noch die öffentlichen Verkehrsmittel. Ohne Opfer kann man so ein Lebensprojekt natürlich nicht durchziehen als kleiner Mann! Dafür bringt der Staat ja auch erhebliche finanzielle Opfer!

SOHN: Warum macht der Staat das denn bloß? Wo er sonst so hinter den Steuern her ist?

VATER: Er macht es aus sozialem Gerechtigkeitssinn. Unter anderem! Was in einigen Fällen Perlen vor die Säue zu sein scheint! Und dann denkt der Staat natürlich auch an die Bauwirtschaft. Privates Bauen ist wichtig, damit die Bauunternehmen ausgelastet sind und ihre Arbeiter behalten können.

SOHN: Baut doch gar nich jeder. Webers haben auch nich gebaut. Die haben ein Haus gekauft, was schon da war. Und die haben auch jede Menge Geld vom Staat gekriegt.

VATER: Was weißt denn du davon?

SOHN: Hast du doch Mama erzählt. Wie du Herrn Weber noch Tips gegeben hast, wie er das am besten macht, mit dem Abschreiben.

VATER: Na schön, Webers haben nicht selbst gebaut, aber sie haben noch eine Menge umgebaut. Die hatten wochenlang die Handwerker im Haus.

SOHN: Manche kaufen aber nich mal 'n Haus, sondern bloß 'ne Wohnung.

VATER: Sicher, es muß nicht immer gleich ein Haus sein. Manchem reicht eine Wohnung. Und auch dazu steuert der Staat das Seinige bei.

SOHN: Und was hat er davon?

VATER: Das gute Gefühl, wieder einem Bürger zu eigenen vier Wänden verholfen zu haben! – Die dieser Bürger auch nach Kräften hüten und in Ordnung halten wird.

SOHN: Manchen is ihre Wohnung total wurscht, sagt Charlys Vater.

VATER: Das sind wieder mal die Leute, die er kennt ... na ja ...

SOHN: Nee! Das is, weil manche gar nich in der Wohnung wohnen, die sie gekauft haben. Tante Ines wohnt ja auch nich in der gekauften Wohnung. Und sie sagt, da würde sie nie, nie reinziehen. Die ist ihr viel zu poplig!

VATER: Tante Ines hat die Wohnung als Kapitalanlage gekauft. Und auch das geht keinem etwas an! In unserem Staat kann jeder – Gott sei Dank – kaufen, was er will, wenn er das Geld hat!

SOHN: Tante Ines hat ja gar kein Geld gehabt. Hat sie doch auch gepumpt; damit sie keine Steuern mehr zahlen muß.

VATER: Und auch das geht dich nichts an!

SOHN: Mama hat aber auch gesagt, sie möchte wissen, warum der Staat Tante Ines das Geld hinterherschmeißt. Die hat nich gebaut, die wohnt da nich drin, die weiß nich mal richtig, wer da wohnt ... Was hat denn der Staat davon?

VATER: Was hat er davon, was hat er davon? Du fragst dauernd dasselbe, merkst du das nicht?! Der Staat tut eine Menge Dinge für seine Bürger, ohne daß er davon «was hat». Das ist ... auch eine Frage der allgemeinen Lebensqualität.

SOHN: Hm. Is 'n neues Auto auch Lebensqualität?

VATER: Gehört dazu, sicher.

SOHN: Tante Ines hat sich nämlich eins gekauft. Von den Steuern, die sie zurückgekriegt hat, weil sie diese popelige Wohnung gekauft hat, in die sie nich reinziehen will.

VATER: Vermutlich hat sie Steuervorauszahlungen zurückbekommen. Schon möglich. – Na schön, hat sie sich ein Auto gekauft! Freut sich der Autohersteller.

SOHN: Der japanische, ja. Das ist nämlich ein Toyota. Papa? Weißt du, was Charlys Vater denkt?

VATER: Was es auch sein mag, es wird mich ärgern ...

SOHN: Er denkt, der Staat denkt, wenn jemand immerzu an sein Eigentum denkt und mit den Zinsen rumrechnet, dann kann der an gar nichts andres mehr denken. Und dann ist er ein ganz bequemer Bürger.

VATER: Na bitte, hab ich's doch gewußt. Kann man sich doch schon wieder aufregen! Natürlich, das paßt Charlys Vater schon wieder nicht, daß ein potentieller Chaot möglicherweise aufhören könnte, laufend auf die Straße zu rennen und zu demonstrieren – weil es ihm vielleicht wichtiger geworden ist, seine eigenen Dinge in Ordnung zu halten!

SOHN: Du meinst sein Haus, sein gepumptes?

VATER: Sein Haus, seine Wohnung, was auch immer, sein Eigentum jedenfalls. Eigentum wirkt stabilisierend. Beruhigend.

SOHN: Aber wenn sich nun alle beruhigen und «heile Welt» spielen, sagt Charlys Vater, dann ...

VATER: Was heißt «spielen»?! Man kann die heile Welt auch leben! Jeder für sich kann eine heile Welt leben!

SOHN: Und wer soll die Welt dann noch heil machen, Papa?

Abgucken reicht nicht

SOHN: Papa, Charly hat gesagt, seine Schwester hat gesagt, «Ade, Fairness!»

VATER: Ade – was?

SOHN: Fairness! Sie sagt, das ist eine vom Aussterben bedrohte Tugend.

VATER: So, sagt sie das. Dann verkehrt sie vermutlich nur in Kreisen, in denen man sich gegenseitig die Schlagringe unter die Nase hält.

SOHN: Quatsch!

VATER: Bitte, ja?!

SOHN: Wenn du auch immer so redest... Charlys Schwester hat bloß überlegt, daß man alles lernen muß, was man können kann – ich meine, können will. Oder können soll. Sollte.

VATER: Na, wie denn nun?

SOHN: Können müßte, kann man auch noch sagen.

VATER: «Können müssen sollte» kann ich dir auch noch anbieten. Und was hat das mit Fairness zu tun?

SOHN: Die muß man doch auch lernen.

VATER: Ja, sicher.

SOHN: Kann man aber nicht mehr.

VATER: Ach, und warum nicht?

SOHN: Is nich mehr «in» – sagt Charlys Schwester.

VATER: Nicht mehr «in»! Sie soll mal gefälligst die Augen aufsperren, dann wird sie genug Beispiele von Fairness sehen.

SOHN: Ich hab heute aber was ganz andres gesehen.

VATER: Was denn?

SOHN: Wie sie 'ne Frau mit Kinderwagen vom Bus weggedrängelt haben. Heute früh, wie ich zur Schule gefahren bin. Richtig zur Seite geschubst haben sie die! Und nachher war alles voll.

VATER: Das ist ja wirklich unglaublich! Und da hat keiner ein Wort gesagt?

SOHN: Doch. Einer hat zu der Frau gesagt, sie soll sich nicht wegdrängeln lassen; aber das hat die, glaub ich, gar nicht verstanden. Die war Türkin oder Inderin oder ... ich weiß auch nicht.

VATER: Ach so ... Trotzdem ist das natürlich unglaublich. Aber bestimmt ist das eine Ausnahme. Das hat schließlich jeder Mensch bei uns gelernt, daß man auf Frauen und Kinder Rücksicht nimmt. Beziehungsweise auf Schwächere ganz allgemein.

SOHN: Und wo hat er das gelernt?

VATER: Wo! Wo der Mensch alles lernt: Zuerst und vor allem im Elternhaus, und dann im weiteren über sein gesamtes Umfeld. Und speziell auch im Sport beispielsweise; das ist die Fairness traditionsgemäß fest verankert.

SOHN: Neulich war da aber gar nichts verankert – im Fernsehen.

VATER: Wovon redest du?

SOHN: Von diesem Pingpong, was du gleich wieder abgeschaltet hast.

VATER: Ach so, diese Tischtennis-Meisterschaft?

SOHN: Ja. Wo die gar nicht mehr gespielt haben, sondern sich bloß noch reingelegt.

VATER: Es kam kein richtiger Ballwechsel mehr zustande, falls du das meinst. Weil die Aufschlagbälle kaum jemals zu kriegen waren.

SOHN: Der eine hat den Ball ja auch richtig versteckt vorher – unter dem Tisch. Und der andre hat so getan, als ob er sich das Gesicht abwischt, und dann ... zack! – war schon der Aufschlag!

VATER: Ja, ja, das war nicht sehr erfreulich, alles in allem.

SOHN: Charlys Schwester sagt, wenn man mit aller Gewalt gewinnen will, dann kann man nicht mehr fair sein.

VATER: Falsch! Völlig falsch. Fairness beweist sich ja gerade dann, wenn es einem nicht so ganz leichtfällt, weil man ...

SOHN: ... ohne Fairness besser gewinnen könnte?

VATER: Möglicherweise, ja; aber dann hätte man ein schlechtes Gewissen und keine Freude mehr am Sieg.

Kleine Pause.

SOHN: Die Fußballer schmeißen sich aber immer ganz weg vor Freude, wenn sie gewonnen haben. Auch wenn sie alle 'ne gelbe Karte gekriegt haben.

VATER: Fußball ist ja auch eine sehr temperamentvolle Angelegenheit, da passiert im Eifer des Gefechts schon mal dies und das.

SOHN: Die Politiker machen auch immer 'nen großen Jubel, wenn sie gewonnen haben!

VATER: Das dürfen sie ja wohl auch! Schließlich haben sie für ihren Sieg auch hart gekämpft.

SOHN: Womit?

VATER: Womit! ... Mit dem Säbel ja wohl nicht. Also, womit kämpfen Politiker?

SOHN: Mit dem Mund.

VATER: Sagen wir: mit dem Wort. Und mit Überzeugungskraft.

SOHN: Und mit Pöbeln und Beleidigen.

VATER: Erlaube mal! Politiker benutzten allemal Argumente. Und ... na ja – Entgleisungen kommen auch schon mal vor ...

SOHN: «Fairness» kann man sich bei denen jedenfalls auch nicht abgucken, wie?

VATER: Du sollst dir ja auch nichts «abgucken» – weder hier noch dort!

SOHN: Ich denke, ich soll überall die Augen aufmachen?

VATER: Du sollst dir – sofern du Gutes und Gescheites siehst – daran «ein Vorbild» nehmen. «Abgucken» reicht nicht, du sollst ja vorher überlegen!

SOHN: Na schön. Aber Charlys Schwester sagt, wo man hinsieht, ist es dasselbe. Bei der Arbeit helfen sich die Leute auch nicht mehr richtig. Weil jeder denkt, wenn der andre was falsch macht, dann wird der vielleicht entlassen. Und nicht er selber.

VATER: Kann ich nicht beurteilen, können wir also nicht drüber reden. Und du kümmerst dich zur Abwechslung auch mal wieder um deine eigenen Dinge, ja?

SOHN: Um die Schule?

VATER: Zum Beispiel.

SOHN: Da läuft auch nich mehr viel mit Abgucken. Dabei sollen wir uns eigentlich alle helfen.

VATER: Im Zweifelsfall aber nicht bei der Klassenarbeit, sondern vorher!

SOHN: Ja, klar. Aber als ich neulich von der Ulrike noch mal diese blöde Bruchrechnung erklärt haben wollte, da hat sie mich ganz cool abfahren lassen. Wenn ich's immer noch nicht begriffen habe, hat sie gesagt, dann soll ich ruhig 'ne Fünf schreiben!

VATER: Entzückend!

SOHN: Die will eben lieber als einzige 'ne Eins schreiben. Weil die Eins dann mehr wert ist.

VATER: Dann sorg bitte dafür, daß du solche unkameradschaftlichen Mitschüler nicht auch noch um Rat fragen mußt! Und mit der Bruchrechnung werden wir uns nachher gleich noch mal beschäftigen.

SOHN: Nee ... nachher geh ich zu Charly.

VATER: Wozu denn das schon wieder?

SOHN: Wegen der Englischarbeit. Zum Vokabelüben.

VATER: Die hab ich doch gerade vorhin mit dir geübt. Die kannst du doch wie am Schnürchen.

SOHN: Konnte ich doch nicht wissen, daß du plötzlich Vokabeln lernen willst ...

VATER: Ich wollte sie auch nicht lernen. Ich kann deine Vokabeln!

SOHN: Du guckst ja auch immer ins Heft.

VATER: Das muß ich ja wohl, wenn ich dich abhören will! Jedenfalls, du brauchst jetzt nicht mehr zu Charly hinzurennen.

SOHN: Der wartet aber auf mich!

VATER: Du kannst ihn ja anrufen. Außerdem kann Charly ganz gut ohne dich auskommen, denke ich. Sein letztes Zeugnis war besser als deins.

SOHN: Er hat aber letzte Woche gefehlt. Und was in Erdkunde war, weiß er auch nicht.

VATER: Du rennst mir aber zuviel in der Gegend rum in letzter Zeit, verstehst du? Und heute bleibst du mal zu Hause.

SOHN: Da hab ich aber ein ganz schlechtes Gewissen!

VATER: Das brauchst du nicht zu haben.

SOHN *wütend*: Warum nicht? Weil Fairness sowieso nicht mehr «in» ist?!

Wer bin ich?

Sohn: Papa, Charly hat gesagt, sein Vater hat gesagt, wenn einer auf der Straße was von ihm will – dann will er auch wissen, wie der heißt!

Vater: So? Ich nicht.

Sohn: Du nicht?

Vater: Nein. Wieso denn auch? Wozu soll ich den Namen von jemandem wissen, der mich nach dem Weg fragt oder der eine Mark gewechselt haben will?

Sohn: Wenn der dich aber fragt, wie du heißt?

Vater: Dann würde ich das einem wildfremden Menschen natürlich nicht sagen.

Sohn: Wenn der dann aber deinen Ausweis sehen will?

Vater: Was denn nun noch? ... Ach – natürlich ... Charlys Vater befaßt sich immer mal wieder mit der Polizei! Und wie immer auf verschlungenen Wegen!

Sohn: Gar nicht. Er sagt bloß: gleiches Recht für alle. Und er will sich nicht anolym anmotzen lassen!

Vater: Das braucht er auch nicht, weil es nämlich «a-nonym» heißt. «Nym.»

Sohn: Ich dacht, «lym».

Vater: Dann dachtest du falsch. Und im übrigen: wenn Charlys Vater sich immer so verhält, wie es jeder Bürger tun sollte, dann wird ihn auch niemand aus seiner Anonymität herausholen.

Sohn: Und was is mit Mausefalle? Mußtest du neulich doch auch alle Papiere rauskramen!

VATER: Ja doch – deswegen hatte ich noch lange nicht das Bedürfnis, den Namen des kontrollierenden Polizisten zu erfahren!

SOHN: Der war ja auch nett.

VATER: Eben.

SOHN: Aber Mamas Polizist war überhaupt nicht nett!

VATER: Welcher Polizist bitte?

SOHN: Och, wir hatten gestern so ein bißchen falsch geparkt, und dann haben wir echt Krach gekriegt.

VATER: Was heißt «Krach gekriegt»?! Wenn Mama falsch parkt, hat sie den Mund zu halten, wenn sie erwischt wird; ist doch wohl klar!

SOHN: Stand ja nur das halbe Auto im Parkverbot. Und wir wollten ja bloß das ganze Eingekaufte aus dem Laden holen. Der Polizist wollte aber, daß wir sofort abfahren!

VATER: Was ihr dann hoffentlich auch getan habt.

SOHN: Konnten wir doch nicht, weil noch ein Bierkasten im Geschäft stand. Und Mama hat gleich gesagt, sie kann den nicht meilenweit schleppen.

VATER: Ja, und dann?

SOHN: Dann hat der Polizist gesagt, sie soll ihren Mann mitnehmen, wenn sie den Bierkasten nicht tragen kann.

VATER: Das muß er ja nun schon uns überlassen, wie wir unsere Einkäufe organisieren!

SOHN: Wir haben den Kasten ja auch noch geholt.

VATER: Und weiter?

SOHN: Als wir rauskamen, war ein Strafzettel dran.

VATER: So. Na, dann war das ja ein teurer Kasten Bier!

SOHN: Hat Mama auch gesagt. Und den sollst du mit Verstand trinken.

VATER: Das tue ich ohnehin!

SOHN: Und den Namen von dem Polizisten hätte sie echt gern gewußt!

VATER: Also, erstens hätte sie ihn ja fragen können – nach der Dienstnummer – und zweitens hätte ihr das gar nichts genützt, denn – sachlich gesehen – war dieser Polizist im Recht!

SOHN: Manche sind aber nicht im Recht, wenn sie was machen. Sagt Charlys Vater.

VATER: Darüber hat Charlys Vater nicht zu befinden – und du schon gar nicht!

SOHN: Wir befinden doch gar nicht. So was steht doch in der Zeitung.

VATER: Was steht in der Zeitung?

SOHN: Von Polizisten, die nicht im Recht sind. Die irgendwelchen unschuldigen Leuten eins über die Birne geben oder gleich losschießen und so was alles!

VATER: Bei so vielen Hunderttausenden von Polizisten gibt es selbstverständlich auch einige, die fehl am Platze sind. Wie in jedem anderen Beruf auch. Und die werden, bei entsprechendem Anlaß, auch zur Rechenschaft gezogen!

SOHN: Wie denn? Wenn man die gar nicht erkennt unter ihren Helmen?

VATER: Erstens haben sie nicht immer Helme auf und zweitens: laß das bitte nicht deine Sorge sein!

SOHN: Aber will denn die Polizei nicht selber, daß man diese ... fehlamplatzenen Polizisten rausfindet?

VATER: Natürlich will die Polizeiführung solche überreagierenden Leute herausfinden!

SOHN: Und warum kriegen die Polizisten dann nicht solche Schilder zum Erkennen?

VATER: Weil das nicht nötig ist! Jeder Polizist muß auf Verlangen sowieso seine Dienstnummer angeben!

SOHN: Glaubst du vielleicht, einer, der dir grade auf den Kopf gehauen hat – der gibt dir dann seine Dienstnummer?

VATER: Wenn er überzeugt ist, den Umständen entsprechend richtig gehandelt zu haben, natürlich!

SOHN: Und wenn er genau weiß, daß er das nicht darf, was er gemacht hat? Charlys Vater sagt, so einen muß man unbedingt rauskriegen, weil er die ganze Wäsche verfärbt!

VATER: Wie bitte?

SOHN: Das is so 'n Beispiel von Charlys Vater. Er sagt, wenn man einen Riesentopf mit weißen Sachen kocht, und da ist nur eine einzige schwarze Socke bei, dann kriegt die ganze unschuldige Wäsche einen Grauschleier! Und das ist ganz ungerecht für die guten Polizisten!

VATER: Vielleicht entscheidest du dich mal, ob du über Kochwäsche redest oder über Polizisten! Das ist ja wieder mal fürchterlich! Und eine schwarze Socke gehört sowieso nicht zwischen die weiße Wäsche!

SOHN: Manchmal ist aber trotzdem eine drin! Und deswegen wär's eben viel besser, alle hätten einen Namen dran.

VATER: Na schön. Dann werde ich meine schwarzen Sokken in Zukunft «Hugo» und «Heinrich» nennen.

SOHN: Also, Papa!

VATER: Also, Papa ... Du hast doch mit dem Unsinn angefangen! Es ist doch einfach so: Bei einem einzelnen Polizisten, der zu Fehlverhalten neigt, wäre ein Erkennungsschild sicher wünschenswert. Aber die Masse der Polizisten wäre dadurch nur gefährdet.

SOHN: Wieso denn?

VATER: Weil dann möglicherweise Familienangehörige von Polizisten, die nichts als ihre Pflicht getan haben, bedroht wären.

SOHN: Können sie ja einen ... einen Künstlernamen kriegen.

VATER: Ach was. Außerdem würden notorische Randalierer sich einen Spaß draus machen, jede Menge von haltlosen Anzeigen gegen irgendwelche Polizisten zu erstatten!

SOHN: Die Randalierer wollen doch mit der Polizei gar nichts zu tun haben. Die machen doch immer bloß, daß sie wegkommen!

VATER: Das sehe ich anders. Und zumal in Großstädten mit hoher Kriminalitätsrate kann man die Polizei keinem zusätzlichen Risiko aussetzen!

SOHN: Bloß die Bürger?

VATER: Die brauchen bloß zu Hause zu bleiben, wenn Konfrontationen mit der Polizei zu befürchten sind!

SOHN: Kann man doch nicht vorher wissen, wo was los sein wird.

VATER: Meistens kann man sehr wohl! Und in Großstädten – wie ich schon sagte – muß die Polizei notfalls auch energisch durchgreifen können.

SOHN: Is New York keine Großstadt?

VATER: Was soll die dumme Frage?

SOHN: Weil, da haben die Polizisten solche Erkennungsschilder. Und in England haben sie nicht mal Waffen!

VATER: Und hier ist das eben anders geregelt, basta.

SOHN: Aber, Papa?

VATER: Was ist nun noch?

SOHN: Charlys Vater denkt, alle Menschen benehmen sich viel anständiger, wenn man weiß, wer sie sind. Und er sagt, es wär vielleicht gar nicht schlecht, wenn alle Menschen so 'n Namensschild hätten.

VATER: Das fehlte noch!

SOHN: Aber Mama sagt auch – wie du dich auf dem Markt mit dem Kartoffelmann gestritten hast ...

VATER: ... ich habe nicht gestritten, ich habe ihm meine Meinung gesagt. Weil der Kerl mir mehr Sand als Kartoffeln in die Tasche geschüttet hat!

SOHN: Mama sagt, du hast ihn beleidigt.
VATER: Na, und wennschon.
SOHN: Aber sie sagt, wenn der Kartoffelmann deinen Namen gewußt hätte, dann hättest du dich garantiert besser benommen!

Verpuffte Energien

SOHN: Papa, Charly hat gesagt, sein Vater hat gesagt, es is ein Jammer, was manche Leute für Energie verschwenden!

VATER: Ja, das ist es. – Das Licht auf der Diele brennt auch schon wieder – unnötigerweise.

SOHN: Hab ich nich gesehn ...

VATER: Aber ich hab's gesehen.

SOHN: Und warum hast du's dann nicht ausgemacht?

VATER: Weil ich's nicht angemacht habe! Und weil ich alle fünf Minuten aufspringen müßte, wenn ich überall das Licht wieder ausknipsen würde, das ihr brennen laßt!

SOHN: Hm. – Aber das wär eigentlich keine Energieverschwendung.

VATER: Was?

SOHN: Wenn du öfter mal aufspringen würdest. Weil du doch immer sagst, du hast zuwenig Bewegung.

VATER: Vielleicht gestattest du, daß ich mir die Art meiner Bewegung selbst aussuche, ja?! Und vielleicht lieber eine Stunde an frischer Luft spazierengehe!

SOHN: Ja, hast ja recht. So viel Licht gibt's bei uns sowieso nicht auszuknipsen, daß du damit ins Buch der Rekorde kommst ...

VATER: Ach, wirklich nicht? Aber vielleicht gehe ich noch mal in die Geschichte ein als der Mann, der die meisten Fragen seines Sohnes beantwortet hat.

SOHN: Das ist aber auch keine Verschwendung. Da lern ich doch dabei!

VATER: Das tröstet mich.

SOHN: Und du lernst natürlich auch dabei!

VATER: Da bin ich schon weniger sicher ...

SOHN: Klar lernst du auch. Weil du doch immer nachdenken mußt. Hast du zum Beispiel schon mal nachgedacht, Papa, warum einer die wahnsinnigsten Sachen macht, bloß damit es ein Rekord ist?

VATER: Nein, hab ich nicht; möchte ich eigentlich auch nicht ...

SOHN: Da gibt's welche, die versuchen, über sechshundert Stunden auf einem dämlichen Pfahl sitzen zu bleiben!

VATER: Wenn sie sonst nichts zu tun haben – sollen sie doch.

SOHN: Aber Charly sagt, sein Vater sagt, mit der Energie, da könnten die doch was ganz Wichtiges machen.

VATER: Vermutlich reicht es bei diesen Pfahlsitzern zu nichts «Wichtigem». Vermutlich sitzt deren Verstand im Hinterteil und nicht im Kopf.

SOHN: Aber die sitzen doch nicht alle auf Pfählen.

VATER: Manche sitzen auch tagelang in der Badewanne, ich weiß ...

SOHN: Da gibt's sogar ein ganzes Dorf bei uns, wo alle immerzu Rekorde versuchen! Weißt du, was die noch machen?

VATER: Na?

SOHN: Die stapeln Bierkästen übereinander. Aber sie müssen dreizehn Meter hoch schaffen, wenn das Weltrekord sein soll!

VATER: Laß sie doch stapeln! Besser Bierkästen stapeln als hochstapeln.

SOHN: Die müssen sie doch gerade hoch stapeln!

VATER: Ich meinte «hochstapeln» im übertragenen Sinn. Ein Hochstapler ist ein Mensch, der sich für mehr ausgibt, als er ist. Meistens in der Absicht zu betrügen.

SOHN: Ach so. Und du meinst, wenn diese Rekordtypen, wenn die nicht so was Verrücktes machen würden, dann würden sie Betrüger werden?

VATER: So hab ich das nicht gesagt. Aber anscheinend wissen diese Leute ja nicht, wohin mit ihrer Kraft und Energie. Und bevor sie losgehen und irgendein Lokal auseinandernehmen ...

SOHN: Wieso denkst du denn, daß die gleich was anstellen? Die Frau mit den Nähnadeln würde bestimmt nichts anstellen.

VATER: Welche Frau mit welchen Nähnadeln?

SOHN: Das is auch so 'n Rekord. Da hat eine Frau ein paar tausendmal in der Stunde einen Faden eingefädelt ...

VATER: Mein Gott, das ist ja eine beklemmende Vorstellung ...

SOHN: Sag ich doch. Und stell dir mal vor, was die Nützliches machen könnte, wenn sie nich dauernd Einfädeln üben müßte!

VATER: Scheint ihr doch nichts Besseres eingefallen zu sein.

SOHN: Muß man ihr vielleicht mal 'n Tip geben. Die könnte doch zum Beispiel ... Pullover stricken für Kinder, die irgendwo rumfrieren ...

VATER: Sicher ...

SOHN: ... und die Männer, die die Bierkästen stapeln oder die Kuhfladen in die Gegend schmeißen ...

VATER: ... Was machen die?!

SOHN: Kuhfladen schmeißen. Siebzig Meter weit der Beste.

VATER: Glaubt man ja nicht. Aber auch immer noch besser als Steineschmeißen.

SOHN: Du denkst ja schon wieder, daß die sonst nur Mist machen würden!

VATER *lacht*: Der Verdacht liegt ja auch nahe bei Kuhfladenschmeißern!

SOHN: Aber im Ernst, Papa – Charlys Vater sagt, mit den Energien, da könnte man ganze Wälder aufforsten oder ...

VATER: ... oder Berge versetzen oder Wüsten bewässern, ja! Charlys Vater übersieht nur eine Kleinigkeit: Diese Menschen wollen doch was Besonderes sein und was Besonderes tun. Sie wollen Aufmerksamkeit erregen.

SOHN: Das hat Charlys Vater ja gar nicht übersehn. Er hat sogar schon überlegt, woher das kommt.

VATER: Aha. Und rausgekriegt hat er's natürlich auch schon ...

SOHN: Er sagt, das kommt vielleicht von den Eltern.

VATER: Von den Eltern! Weil die das schon immer geübt haben mit ihren Kindern, das Pfahlsitzen und Kuhdreckschmeißen, wie?

SOHN: Nee, aber weil die vielleicht immer zu ihren Kindern gesagt haben: «Aus dir wird nie im Leben was!»

VATER: Natürlich! Kaum klären die Eltern ihre Kinder darüber auf, daß man mit lauter Fünfen nicht durch die Schule kommt – schon reift in den lieben Kleinen der Entschluß, ins Buch der Rekorde zu kommen! Und sich zu diesem Zweck vielleicht ... eine Woche lang nackend aufs Eis zu setzen! So ein Unfug!!

SOHN: Du verdrehst wieder alles, Papa. Charlys Vater meint doch, wenn ein Kind immer nur angemeckert und nie gelobt wird, dann ...

VATER: ... dann wird es sich üblicherweise anstrengen und sich bemühen, demnächst alles ein bißchen besser zu machen! Weiter gar nichts.

SOHN: Hm. Und was glaubst du, warum manche Leute sich so schrecklich für irgend 'nen Blödsinn anstrengen?

VATER: Ich ahne es nicht, und es ist mir offengestanden auch egal!

SOHN: Aber Charlys Vater sagt, wir brauchen heute jeden Krümel Energie für wichtige Sachen!

VATER: Deswegen kann er den Menschen noch lange nicht vorschreiben, was sie mit ihren freien Energien anfangen! Und nun laß doch bitte diese Handvoll Leute treiben, was sie wollen.

SOHN: Laß ich ja. Es ist ja bloß – Charlys Vater sagt, bei diesen Rekordsüchtigen, da sieht man es bloß am besten. Aber eigentlich macht jeder so was ...

VATER: Donnerwetter, hat er mich doch erwischt! Und ich dachte, es hat keiner gemerkt, daß ich das ganze Wochenende auf dem Wäschepfahl gesessen und geübt habe!

SOHN: Aber du hast das ganze Wochenende an deinem Auto rumgeputzt!

VATER: Was soll denn diese dumme Bemerkung?! Damit hab ich ja wohl genau das getan, was Charlys Vater uns so dringend anrät: etwas Nützliches nämlich!

SOHN: Also, eigentlich war das mehr Energieverschwendung. Weil du deswegen nich mit Mama mitgehen konntest, zu diesem Bürgertreffen ...

VATER: Nein, konnte ich nicht. Und es genügt auch vollständig, wenn einer aus der Familie seine Zeit mit solchen Diskussionen verplempert! – Und warum glaubst du wohl, kümmere ich mich um den Erhalt unseres Wagens? Etwa weil ich hoffe, damit ins Buch der Rekorde zu kommen?

SOHN: Nee, da kommste natürlich nich gleich rein. Aber vielleicht ...

VATER: Vielleicht was?

SOHN: Vielleicht hast du dir so 'n, so 'n ... Straßenrekord vorgenommen.

VATER: Straßenrekord?

SOHN: Ich meine, vielleicht willst du, daß wir das sauberste Auto in der ganzen Straße haben?

Schwein oder Nichtschwein

SOHN: Papa, Charly hat gesagt, seine Schwester hat gesagt, neulich war sie auf der Sparkasse, und da hat ein ganz kleines Kind sein Sparschwein abgegeben!

VATER: Na, wie schön ...

SOHN: Nee, gar nicht schön. Charlys Schwester fand das richtig pervers!

VATER: Also, dieses Wort streich mal ganz schnell aus deinem Vokabular, ja?

SOHN: Das «pervers»? Ist das denn unanständig?

VATER: Nein, aber es ist ein für Kinder noch völlig überflüssiges Fremdwort.

SOHN: Du sagst doch sonst immer, ich soll mir Fremdwörter merken, weil das zur Bildung gehört.

VATER: Also, dieses brauchst du dir nicht zu merken, und außerdem paßt es in Verbindung mit einem Sparschwein sowieso überhaupt nicht!

SOHN: Was soll ich denn sonst dafür sagen?

VATER: Am besten gar nichts. Laß das Kind mit seinem Sparschwein machen, was es will und fertig.

SOHN: Aber das darf ja gerade nicht machen, was es will.

VATER: Wieso denn nicht?

SOHN: Glaubst du vielleicht, ein kleines Kind, das noch nicht mal zur Schule geht, das will sein Sparschwein abgeben?

VATER: Warum nicht? Wenn die Eltern ihm erklärt haben, worum es dabei geht ...

SOHN: Worum geht es denn?

VATER: Na, es geht darum, daß man sein Geld nicht verplempert, sondern auf ein Sparbuch legt, damit es Zinsen trägt.

SOHN: Kleine Kinder verstehen doch nichts von Zinsen.

VATER: Dann muß man ihnen das erklären – so gut es geht.

SOHN: Wie denn?

VATER: Na, wie würdest du es denn erklären – du hast ja schließlich schon Zinsrechnung gehabt in der Schule. Was sind Zinsen?

SOHN: Zinsen sind – wenn das Geld von allein immer mehr wird. Ohne daß man arbeiten muß.

VATER: Also, diese Definition hört sich mal wieder ganz nach Charlys Vater an!

SOHN: Stimmt daran was nicht?

VATER: Daran stimmt einiges nicht!

SOHN: Was denn?

VATER: Also erstens: bevor man Geld auf die Bank bringen kann, damit es Zinsen trägt, muß man ja schon mal gearbeitet haben!

SOHN: Aber 'n Kind doch nicht.

VATER: Ach so, na ja ... Schön, ein Kind hat natürlich noch nicht gearbeitet – aber es hat das Geld vielleicht auch auf irgendeine Weise «verdient».

SOHN: Womit denn? Mit Tischabdecken oder Mülleimer-Wegbringen?

VATER: Ja, zum Beispiel.

SOHN: Also, ich hab fürs Mülleimer-Wegbringen noch nie Geld gekriegt!

VATER: Das wäre ja auch noch schöner! Ich meine, für einen so großen Jungen wie dich ist das ja wohl eine Selbstverständlichkeit!

SOHN: Ich sag ja auch gar nichts. Du hast doch damit angefangen, daß Kinder ihr Sparschweingeld auch verdient haben.

VATER: Wenn du unbedingt von noch kleineren Kindern reden willst, bitte: Dann waren die vielleicht besonders artig und haben ihre Eltern mal fünf Minuten in Ruhe reden lassen, ohne dazwischenzuquasseln!

SOHN: Hab ich auch noch nicht gehört, daß ein kleines Kind Geld in die Sparbüchse gekriegt hat, bloß weil es still gewesen ist ...

VATER: Das spielt ja auch alles gar keine Rolle! Ist ja völlig egal, wie und warum das Geld in die Sparbüchse gekommen ist. Manche Kinder haben ja vielleicht auch gar keine Sparbüchse!

SOHN: Dann können die sie sowieso nicht auf die Bank bringen. Wenn sie keine haben.

VATER: Allerdings nicht, nein!

SOHN: Aber das hat doch Charlys Schwester gerade so aufgeregt, daß man kleine Kinder schon mit ihrem Sparschwein zur Bank jagt!

VATER: Sag doch gleich «prügelt»! Mit dicken Stöcken zur Bank prügelt ...

SOHN: Aber von allein kommen sie bestimmt nicht auf die Idee!

VATER: Natürlich nicht! Von allein kommen Kinder auf keine einzige vernünftige Idee. Aus diesem Grunde muß man sie bekanntlich er-zie-hen!

SOHN: Und was ist da für 'ne Erziehung bei, wenn man einem Kind sein richtiges Geld wegnimmt und ihm dafür so 'n Sparbuch mit lauter Zahlen gibt?

VATER: Mit Zahlen kann man gar nicht früh genug umzugehen lernen. Und durch ein Sparbuch lernt ein Kind, daß es klug ist, sein Geld nicht für irgendeinen Firlefanz auszugeben, sondern es zu sammeln, bis eine ... nennenswerte Summe daraus geworden ist. Und zu diesem Zweck gibt man es eben am besten auf eine Bank oder Sparkasse, damit man nicht in Versuchung gerät, es doch wieder auszugeben.

SOHN: Und wegen der Zinsen.

VATER: Richtig.

SOHN: Charlys Schwester sagt, das ist unpädagogisch, weil – sie sagt, davon wird ein Kind geldgierig und geizig.

VATER: Das ... ist doch mal wieder, um an die Decke zu gehen! Leute, die sparen, müssen doch nicht ...

SOHN: Kinder! Kinder, nicht Leute.

VATER: Kinder sind auch Leute, und wer spart, muß absolut nicht geizig oder geldgierig sein, im Gegenteil! Nur wenn man etwas gespart hat, kann man auch großzügig sein und ... sagen wir, einem Freund zum Geburtstag etwas Schönes kaufen.

SOHN: Da kann man auch sein Sparschwein zerkloppen, wenn man das will.

VATER: Sag mal, stellst du dich jetzt extra dumm, oder verstehst du wirklich nicht, worum es geht?

SOHN: Klar versteh ich. Das Geld ist auf der Bank sicherer, wegen der Versuchung. Und außerdem gibt's Zinsen.

VATER: Na also.

SOHN: Und warum soll ein Kind nicht lieber gleich Eis kaufen von seinem Geld oder ... seinem Vater zum Geburtstag einen Schlips schenken?

VATER: Also, den Schlips, den du mir zum Geburtstag geschenkt hast – und über den ich mich sehr gefreut habe! –, den hättest du mir auch schenken können, wenn du dein Geld nicht in der alten Zigarrenkiste aufbewahren würdest, sondern, wie ich dir schon oft geraten habe, auf der Bank. Dann hättest du nämlich – wenn du schon eine Weile gespart hättest – den Schlips sogar von den Zinsen bezahlen können! Und er hätte dich sozusagen keinen Pfennig gekostet.

SOHN: Keinen Pfennig?

VATER: Weil – also noch mal von vorn, das ist ja entsetzlich mit dir: Wenn du, sagen wir mal, 200 Mark auf der Bank gehabt hättest ...

SOHN: Wovon denn 200 Mark?

VATER: Vom Sparen, Donnerwetter noch mal! Also: Du hast 200 Mark auf der Bank. Dann bekommst du dafür im Jahr, ungefähr ... also fast 10 Mark Zinsen. Und davon hättest du mir schon einen sehr hübschen Schlips schenken können. Und den hätte dann, genau genommen, die Bank bezahlt.

SOHN: Hättste denn deinen Geburtstagsschlips lieber von der Bank gekriegt als von mir?

VATER: Also – ich geb's auf. Behalte dein Geld in der Zigarrenkiste und mach damit, was du willst!

SOHN: Das sagt Charlys Schwester doch auch! Daß Kinder mit ihrem Geld machen sollen, was sie wollen.

VATER: Vielleicht wollen ja manche Kinder ihr Geld sehr gerne auf die Bank bringen!

SOHN: Weil sie denken, das wird immer mehr und mehr, und sie müssen überhaupt nie arbeiten in ihrem Leben?

VATER: So einen Blödsinn werden sie wohl nicht denken. Wer sollte ihnen das denn erzählt haben?

SOHN: Wenn sie noch so klein sind? Und die Eltern erzählen ihnen was von Zinsen – dann kann es doch sein, daß sie denken ...

VATER: ... es kann auch sein, daß sie denken, die Goldstücke fallen vom Himmel, wenn sie nur ihre ganzen Kleider auf der Straße verschenken, bis sie im Hemd dastehen!

SOHN: Also, wenn sie das denken, das wär jedenfalls besser!

VATER: Das wär besser? Wenn sie an dieses Märchen glauben?

SOHN: Klar. Dann würden sie doch lernen, daß man mitleidig sein muß und großzügig ... anstatt auf seinem Sparbuch zu sitzen!

VATER: Vielleicht erinnerst du dich gütigst daran, daß im Leben keine Goldstücke vom Himmel fallen! Und daß jemand, der im Hemd dasteht, eben im Hemd dasteht und eine Lungenentzündung kriegt! Weiter nichts!

SOHN: Ich denke, Märchen haben immer so 'ne gute Moral? Du hast mir doch auch immer Märchen vorgelesen, wie ich noch klein war.

VATER: Ja, hab ich. Aber vielleicht hätte ich das besser lassen sollen ...

SOHN: ... und mich lieber mit meinem Sparschwein zur Bank geschickt?

VATER: Also, wenn du noch lange redest, kriegst du keine müde Mark mehr von mir!

SOHN: Ich sag ja gar nichts mehr. Bloß noch eine Frage ...

VATER: Was denn nun noch ...

SOHN: Fändste das wirklich besser, wenn ich mir bei jeder Mark gleich die Zinsen ausrechnen würde?

Woher nehmen und nicht stehlen ...

SOHN: Papa, Charly hat gesagt, sein Vater hat gesagt, die sollen bloß aufhören rumzujammern – wegen den Vorbildern ...

VATER *unkonzentriert*: Wer jammert rum? Und was hat das mit den Vorbildern zu tun?

SOHN: Na, alle jammern doch rum. Die Politiker und so. Die sagen doch immer, der Jugend fehlen die Vorbilder!

VATER: «Fehlen» tun die überhaupt nicht! Es geht nur darum, daß die Jugend sich mit Vorliebe die falschen Vorbilder sucht.

SOHN: Welche denn?

VATER: Was weiß ich? Irgendwelche Rock-Pop-Kreisch-Idole vermutlich.

SOHN: Ach wo. Die kann man ja gar nicht nachmachen, weil man gar nicht so gut Musik machen und singen kann.

VATER: Sehr richtig bemerkt. Deshalb sind es ja auch die falschen Vorbilder – unter anderem.

SOHN: Und wo sind die richtigen?

VATER: Tja – da hat jeder Mensch wohl so sein eigenes Vorbild ...

SOHN: Jeder ein anderes?

VATER: Vielleicht ...

SOHN: Erwachsene auch?

VATER: Sicher.

SOHN: Aber Erwachsene brauchen doch eigentlich kein Vorbild mehr ...

VATER: Wie man's nimmt ...

SOHN: Ich meine, die Erwachsenen sind doch selber schon Vorbild! Für die Kinder.

VATER: Da hast du schon recht; so sollte es sein.

SOHN: Is aber nich so, oder?

VATER: Was heißt «is aber nich so?»! Es gibt genug Erwachsene, an denen sich Kinder und Jugendliche ein Beispiel nehmen können! Wie wär's denn überhaupt – der Einfachheit halber – mit dem eigenen Vater, wie?

SOHN: Nur mit dem Vater?

VATER: Mit der Mutter natürlich auch! Ich habe nur «Vater» gesagt, weil du ja mit mir redest und weil Jungen sich in erster Linie an ihrem Vater orientieren und Mädchen an der Mutter.

SOHN: Und ich darf mich nicht an Mama orientieren?

VATER: Natürlich darfst du das. Und sollst du auch. – Also, mein Gott, sagen wir eben: Kinder können sich in erster Linie an ihren Eltern ein Vorbild nehmen.

SOHN: Hm ...

VATER: Kommt dir das so abwegig vor? Dir an mir ein Vorbild zu nehmen?

SOHN: Nö. Aber alles will ich eigentlich auch nicht machen wie du ...

VATER: Das verlangt ja auch kein Mensch! Es kommt zum Beispiel nicht darauf an, daß du dir die gleichen Hosen anziehst wie ich ... oder ...

SOHN: ... daß ich genausoviel Bier trinke ...

VATER: Also bitte, ja! Ich will sagen, bei Vorbildern geht es um die große Linie, gewissermaßen.

SOHN: Welche große Linie?

VATER: Die große Linie des Denkens und Handelns. Die Standpunkte. Die Meinungen.

SOHN: Aber wenn man die gar nicht weiß? – In der Schule haben wir neulich mal geredet über Pflicht und Gewissen und so was und über Vorbilder, und da ...

VATER *unterbricht*: Pflicht und Gewissen? Bei eurem neuen jungen Geschichtslehrer?

SOHN: Nee, bei unserer alten Religionslehrerin.

VATER: Ah so.

SOHN: Da haben wir überlegt, wie das so ist mit dem Gewissen und wie sich das bildet. Und was man macht, wenn man irgendwie im Konflikt ist.

VATER: Habt ihr da auch Beispiele genannt?

SOHN: Ja, klar.

VATER: Die würde ich gern hören.

SOHN: Na, zum Beispiel – wenn einer von uns 'ne Brieftasche mit Geld findet und er braucht grade nötig Geld, und ob er sie dann trotzdem abgibt.

VATER: Hm – sehr vernünftiges Beispiel.

SOHN: Oder wenn es nachts an der Tür klingelt und da steht einer und sagt, die Polizei ist hinter ihm her, aber er ist unschuldig ...

VATER: Das ist ja nun gar kein Beispiel für Kinder! Das übersteigt bei weitem ihre Entscheidungsmöglichkeiten.

SOHN: Deswegen haben wir ja auch überlegt, was die Eltern machen würden. Wegen dem Vorbild.

VATER: Und? Was habt ihr herausgefunden?

SOHN: Nicht besonders viel. Die meisten wußten nicht, was die Eltern wohl machen würden. Besonders bei den Vätern wußten sie es nicht.

VATER: Warum gerade bei den Vätern nicht?

SOHN: Weil sie mit denen nicht soviel reden.

VATER: Soviel wie ich mit dir rede, wird allerdings nicht jeder Vater mit seinem Kind reden ...

SOHN: Jedenfalls haben wir gesagt: bei einem Vorbild, da muß man ganz genau wissen, was jemand denkt, und daß das immer okay ist, was er macht, und daß man das genauso machen könnte.

VATER: Keine schlechte Definition.

SOHN: Aber mit den Eltern haut das nich so hin, weil die ja alle anders sind. Und wenn da einer bei ist, der seine Frau haut oder immer besoffen ist? Oder die Mutter klaut im Supermarkt, oder ...

VATER: ... Was denn nun noch alles?! Das sind ja wohl nur traurige Ausnahmen!

SOHN: Man braucht ja sowieso ein Vorbild, das für alle paßt. Jemand, den alle kennen und der 'n toller Typ ist und der die Welt besser machen will. Und der auch sagt wie.

VATER: Moment mal! Hat euch euer Lehrer vielleicht was von einem gewissen Marx erzählt? ...

SOHN: Ich hab doch schon gesagt, das ist eine Lehrerin – in Religion!

VATER: Ah ja, richtig. Na, dann ist das wohl auf Jesus Christus rausgelaufen mit dem Vorbild.

SOHN: Nee. Wir haben doch jemand gesucht, der noch lebt.

VATER: Ah ja. Und auf wen habt ihr euch nun geeinigt?

SOHN: Auf gar keinen.

VATER: Auf gar keinen?

SOHN: Nee. Das hat echt nicht geklappt. Erst wollten wir jemand, der sich um die ganzen armen Kinder in der Welt kümmert; und dann wollte die Elke jemand, der sich um die unschuldigen Gefangenen kümmert, aber dann wußte keiner, wie die überhaupt heißen.

VATER: Tja, die besten Vorbilder sind ja vielleicht auch die, die gar kein Aufsehen erregen. Die nur in kleinem Kreis wirken ...

SOHN: Aber die reichen dann doch nicht für alle andern! Der Manfred, der wollte schon so einen Schriftsteller als Vorbild nehmen – einen, der immer für den Frieden redet; aber von dem hatten wir alle noch gar nichts gelesen.

VATER: Läßt sich denken.

SOHN: Weißt du denn, wen er gemeint hat? Ich komm nämlich nicht mehr auf den Namen.

VATER: Wen auch immer er gemeint hat – so was habt ihr noch gar nicht zu lesen. – Und das ist auch der Grund, warum ihr kein passendes Vorbild finden konntet: Ihr seid noch zu jung, ihr habt noch nicht den nötigen Überblick.

SOHN: Aber wenn es einen ganz tollen Politiker gäbe und wenn der auch immer im Fernsehen wäre – den würden wir dann auch schon kennen!

VATER: Erlaube mal, es gibt genug Politiker, die immer im Fernsehen sind und die ihr alle kennt …

SOHN: Aber wir meinen doch jemand, wo man denkt, daß man selber auch so sein will!

VATER *streng*: Es gibt auch genug Politiker, die für euch ein Vorbild sein könnten! Wir haben keinen Mangel an un-ta-de-ligen Persönlichkeiten!

SOHN: Heißt das, daß man die nicht tadeln darf?

VATER: Das heißt, daß es an ihnen wenig zu tadeln gibt!

Kleine Pause.

SOHN: Und warum werden die dann immer so beschimpft?

VATER: Von wem?

SOHN: Na, so einer vom andern. Die beschimpfen sich doch dauernd.

VATER: Beschimpfen ist wohl nicht der richtige Ausdruck für … die politischen Auseinandersetzungen, die es in einer Demokratie nun mal geben muß.

SOHN: Aber wenn die sagen, daß einer den Staat ruiniert hat oder daß er gelogen hat oder was verschwiegen hat oder daß er bei den Nazis …

VATER: … Herrgott noch mal, nun hör schon auf! – Es ist eben keine Kleinigkeit, mit jeder Handlung und mit jedem Wort im Licht der Öffentlichkeit zu stehn! Wahrhaftig nicht.

SOHN: Glaub ich ja. Aber dann sollen sie den Jugendlichen das auch nicht vorwerfen – sagt Charlys Vater ...

VATER: Was vorwerfen?

SOHN: Daß sie keine richtigen Vorbilder haben!

Prozentrechnung

SOHN: Papa, Charly hat gesagt, sein Vater hat gesagt, das ist immer wieder dasselbe mit den Prozenten!

VATER: Da hat er wohl die neueste Entwicklung total verschlafen.

SOHN: Wieso?

VATER: Meint er nicht die Bank- und Kreditzinsen mit seinen «Prozenten»? Die sind nämlich gerade gefallen.

SOHN: Nee, die meint er nich.

VATER: Dann vielleicht die Alkoholprozente in seinem Blut, wie? Fällt er wohl immer wieder rein bei den Mausefallen?!

SOHN: Ach wo, der trinkt doch meistens nur Malzbier.

VATER: Dann mach's bitte nicht so spannend. Worum geht's?

SOHN: Um die Prozente, die die Leute mehr Geld kriegen. Für ihre Arbeit.

VATER: Ach so. Und die sind ihm natürlich nicht hoch genug, die Lohnerhöhungen.

SOHN: Oben schon, aber unten nich.

VATER: Falls er mit «oben» und «unten» die höheren und niedrigeren Einkommen meint, so sind die Lohnerhöhungen exakt die gleichen.

SOHN: Die gleichen Prozente?

VATER: Ja, natürlich.

SOHN: Aber nicht das gleiche Geld.

VATER: Natürlich nicht!

SOHN: Na bitte.

VATER: Was heißt «na bitte»? Es gibt doch wohl keine gerechtere Lösung, als jedem die Erhöhung – im Augenblick handelt es sich ja ohnehin nur um ganz geringe Prozentsätze – im Verhältnis zu dem zu geben, was er bisher hatte.

SOHN: Find ich nich.

VATER: Dann eben nicht. Das interessiert ja nun gottlob niemanden.

SOHN: Du findest das aber auch nich gerecht!

VATER: Ich finde das sehr gerecht! Rede mir doch bitte kein Kind in den Bauch!

SOHN: Kann man das?

VATER: Ich meine: Rede mir bitte nichts ein!

SOHN: Du hast das aber nich so gemacht mit Prozenten!

VATER: Wo und wann?

SOHN: Bei uns! Du hast Mama doch jetzt mehr Wirtschaftsgeld gegeben, nich?

VATER: Hab ich, ja. Nachdem sie mir lange genug vorgejammert hat, wieviel teurer alles geworden ist, hab ich ihr mehr Wirtschaftsgeld gegeben.

SOHN: Sie hat ja gar nich gejammert. Sie hat bloß gesagt, du sollst dich entscheiden: Entweder sie kriegt mehr Geld, oder es gibt bloß noch Blutwurst statt Filet.

VATER: Du kannst wirklich froh sein, daß du nicht ein paar hundert Jahre früher auf die Welt gekommen bist! Da hätten sie dir vermutlich schon die Ohren abgeschnitten, die du ständig in Dinge reinhängst, die dich nichts angehen!

SOHN: Also weißte, Papa, wo ich grade was Gutes von dir sagen wollte!

VATER: Hörte sich gar nicht danach an.

SOHN: Wenn du mich nich ausreden läßt?

VATER: Also, ich lasse dich. Bei so schönen Aussichten...

SOHN: Mama und ich, wir haben nämlich mal ausgerechnet, daß du ihr 10 Prozent mehr Wirtschaftsgeld gegeben hast.

VATER: Na sieh mal an! So einen großzügigen Arbeitgeber findet man ja heute weit und breit nicht mehr!

SOHN: Bist du Mamas Arbeitgeber?

VATER: Nein, das war nur ein Scherz! Erzähl ihr bloß nicht so was! Ich bin einfach nur großzügig.

SOHN: Bei mir warst du ja noch viel großzügiger!

VATER: Dann bin ich ja wohl echt Spitze ...

SOHN: Das war jedenfalls unheimlich gerecht! Weil ich ja bloß so wenig Einkommen habe.

VATER: «Einkommen» ist gut. Aber schön, nennen wir's so ...

SOHN: Du hast mir nämlich 50 Prozent mehr gegeben!

VATER: 10 Mark hab ich dir mehr gegeben.

SOHN: Ja. Statt 20 Mark im Monat 30. Sind 50 Prozent.

VATER: In der Tat. Na ja, ich hab gedacht, eine Mark pro Tag, das ist nicht zuviel für einen Jungen, der sich schon soviel in der Welt umsieht.

SOHN: 10 Prozent wären auch gar nicht zu merken gewesen, nich?

VATER: Nicht sehr, nein. 10 Prozent von 20 Mark – das wären fünfzig Pfennig mehr in der Woche gewesen.

SOHN: Aber die Arbeiter kriegen keine 10 Prozent, nich?

VATER: Bei dieser Wirtschaftslage!? Da sind allenfalls 3 Prozent drin.

SOHN: Auch für die mit ganz wenig Einkommen?

VATER: Ja, sicher. Wenn 3 Prozent ausgehandelt werden, sind das 3 Prozent. Für den Pförtner wie für den Abteilungsleiter.

SOHN: Charlys Oma kriegt bloß 12 Mark mehr.

VATER: Da wird sie eben bloß eine kleine Rente haben.

SOHN: Die arbeitet doch. In irgendso einem Laden.

VATER: Ja nun – wer weiß, was sie da macht ...

SOHN: Charly sagt, sein Vater sagt, sein Chef, der verdient 5000. Und bei dem sind 3 Prozent 150 Mark.

VATER: Sag mal, willst du einen Preis im Prozentrechnen kriegen, oder was ist los mit dir? Du rechnest doch sonst freiwillig nicht zwei und zwei zusammen!

SOHN: Find ich eben interessant mit den Prozenten. Weil man da richtig sehen kann, wie diese Schere rauskommt.

VATER: Was?

SOHN: Wenn man 'ne Schere aufmacht, dann geht die doch ganz weit auseinander. Und das ist eben der Unterschied zwischen Armen und Reichen.

VATER: Erschöpfende Definition, wirklich! Nimm eine Schere, und das soziale Problem liegt klar und offen vor deinen Augen! Ich will dir mal was sagen: Alles ist relativ. Und 150 Mark sind für jemanden, der gut verdient, genauso viel oder so wenig wie 12 Mark für Charlys Oma.

SOHN: Aber, Papa! Für 150 Mark kann man einen prima Kassettenrekorder kaufen, und für 12 Mark bloß ... beinah bloß 'ne Kinokarte.

VATER: Das sind ganz dumme Beispiele. Zumal Charlys Oma vermutlich gar keinen Kassettenrekorder haben will.

SOHN: Klar will sie einen. Bei ihrer Lieblingssendung sitzt sie nämlich immer gerade im Bus, und die könnte sie sonst aufnehmen und abends anhören. Sie hat aber keinen.

VATER: Soll ich ihr vielleicht einen schenken, ja?

SOHN: Das wär toll! Wenn du auch wieder Prozente kriegst, dann reicht das ja vielleicht.

VATER: Jetzt ist es aber genug.

SOHN: Für Charlys Oma ist es ja gerade nich genug.

VATER: Läßt du mich langsam mit Charlys Oma zufrieden?

SOHN: Laß ich ja. Aber Charlys Vater sagt, mit den Prozenten, das ist kein sozialer Frieden!

VATER: Nun schmeiß nicht auch noch mit diesem Schlagwort rum!

SOHN: Sozialer Frieden ist ein Schlagwort?

VATER: Es ist nicht von vornherein ein Schlagwort. Aber es hat nichts mit der prozentualen Lohnerhöhung zu tun. Die ist gerecht und weiter gar nichts.

SOHN: Aber du hast mir doch viel mehr Prozent gegeben als Mama, weil ich so wenig ...

VATER: Wenn du mich noch lange darauf hinweist, dann mache ich es wieder rückgängig, klar?

SOHN: Dann ist bei uns aber auch kein sozialer Frieden!

VATER: Das werden wir schon sehen, was dann bei uns ist! Und «sozialen Frieden» werden wir erst haben, wenn alle einsehen, daß wir in Zukunft kürzertreten müssen. Alle! Die Großen wie die Kleinen!

SOHN: Aber die Kleinen am allerkürzesten, oder?!

Giftmischereien

SOHN: Papa, Charly hat gesagt, sein Vater hat gesagt, wenn ein anderer Vater so mit einer Mutter umgehen würde – da wär er längst im Knast. Aber längst!

VATER: Einen Augenblick bitte. Ich muß erst mal die Batterien von meinem Radiowecker auswechseln ...

SOHN: Sind das die alten Batterien?

VATER: Ja; und laß die bitte da liegen, wo ich sie hingelegt habe! Sonst bringe ich sie mit den neuen noch durcheinander ...

SOHN: Was machste denn mit den alten?

VATER: Was soll ich damit schon machen? Wegschmeißen.

SOHN: Sollst du aber nicht. Die kann man irgendwo abgeben.

VATER: Ja, ja, irgendwo ... *Er singt leise vor sich hin*: «... irgendwo auf der Welt steht ein kleines Haus für dich ...» So, das war's. Jetzt läuft's wieder.

SOHN: Mama hat das aufgeschrieben, wo man so giftige Sachen hinbringen kann!

VATER: Gut, gut. Wenn mal größere Dinge anfallen, werde ich sie fragen.

SOHN: Den ollen Farbeimer hast du auch in den Müll geschmissen. Und die Tabletten, die Mama nicht mehr nehmen soll ...

VATER: Wolltest du mir nicht gerade eine unerhört aufregende Geschichte erzählen von einem Vater, der seine Mutter schlecht behandelt? Was ist denn nun damit?

SOHN: Der mißhandelt die eben. Und beutet sie aus. Und vergiftet sie.

VATER: Was denn noch alles? Dann sag doch gleich, er bringt sie um!

SOHN: Fehlt auch nich mehr viel.

VATER: Also komm, ja? Ende der Rätselstunde. Welcher Vater mißhandelt welche Mutter?

SOHN *feierlich*: Vater Staat mißhandelt Mutter Erde!

VATER: Gott steh mir bei ... was ist das schon wieder ...

SOHN: Stimmt das etwa nicht? Charly sagt, sein Vater sagt, das ist alles so kriminell mit dem ganzen Gift, das die Erde schlucken muß, dafür würde jeder normale Vater ...

VATER: Jetzt tu mir aber die Liebe und laß diese alberne Personifizierung des Staates. «Vater Staat», das ist doch nichts weiter, als eine ... eine Redewendung!

SOHN: Und woher kommt die?

VATER: Die kommt daher, daß der Staat für seine Bürger sorgt, wie ... na eben wie ein Vater für seine Kinder.

SOHN: Ein Vater vergiftet seine Kinder doch nicht!

VATER: Der Staat vergiftet seine Kin ... seine Bürger ja auch nicht!

SOHN: Wer denn?

VATER: Niemand! Ich meine, niemand vergiftet irgendjemanden absichtlich!

SOHN: Wie denn? Aus Versehen?

VATER: Weder absichtlich noch aus Versehen. Die Probleme, die wir jetzt mit den ganzen chemischen Rückständen haben – das sind alles leider Nebenerscheinungen unserer rasanten technischen Entwicklung. Beziehungsweise gerade Probleme der veralteten Technik ...

SOHN: Na, wie denn nun?

VATER: Ja, es kommt eben von allen Seiten. Veraltete Anlagen machen Dreck, und Atomkraftwerke machen noch größere Probleme. Und bei alldem ist der technische Fortschritt nicht aufzuhalten ... konkurrenzmäßig gesehen ...

SOHN: Ganz egal, was dabei rauskommt?

VATER: Bei jeder Weiterentwicklung kommt Gutes und Schlechtes heraus. Und erst wenn man das Schlechte erkannt hat, kann man etwas dagegen tun. Was jetzt ja auch überall geschieht.

SOHN: Aber Charlys Vater sagt, die tun alle so, als ob Mutter Erde ...

VATER: ... drück dich bitte anders aus, ja?

SOHN: ... als ob die süchtig ist!

VATER: Was?

SOHN: Ja! Als ob die 'n Schock kriegen würde, wenn sie plötzlich kein Gift mehr kriegt. Wie so 'n Fixer!

VATER: Also, jetzt sag ich gar nichts mehr ...

SOHN: Dabei ist der Erde jetzt schon so schlecht, sagt Charlys Vater, daß sie die ganze Giftbrühe wieder auskotzt!

VATER: Bitte, ja?!

SOHN: Aus den Müllkippen. Und da kann man kein Wasser mehr trinken!

VATER: In der näheren Umgebung gibt es Schwierigkeiten, ja. Ich weiß das. Mir brauchst du das nicht zu sagen!

SOHN: Wem soll ich's denn sonst sagen?

VATER: Du brauchst überhaupt nichts dazu zu sagen.

SOHN: Aber Mama sagt auch, was Vater Staat mit Mutter Erde macht, das ist ...

VATER: Ich hör wohl nicht recht! Redet Mama jetzt auch schon jeden Blödsinn von Charlys Vater nach?

SOHN: Gar nich. Aber sie sagt, wie der Staat das macht, das ist so, als ob – also, als ob Mama ganz schlimm krank wär und ganz schnell operiert werden muß, und du sagst, du kannst die Operation erst in zehn Jahren bezahlen!

VATER: So, hat sie das gesagt. Es scheint, ich muß mich mal für ihren Umgang interessieren, den sie neuerdings hat ... aber das ist jetzt kein Thema für uns ...

SOHN: Sie sagt, Geld darf keine Rolle spielen, wenn es um Leben und Tod geht.

VATER: Das klingt sehr gut, ja. Aber bevor Geld irgendeine Rolle spielen kann, muß es ja erst mal da sein, nicht?

SOHN: Ooch ... irgendwelches Geld ist doch immer da.

VATER: Eine bestimmte Geldmenge steht immer zur Verfügung, ja. Aber die reicht niemals für alles.

SOHN: Aber für Filter würde es reichen, sagt Mama.

VATER: Für welche Filter?

SOHN: Für alle. Wo sie überall fehlen.

VATER: Da redet Mama mal wieder wie ein Blinder von der Farbe ...

SOHN: Nee, wie 'n Sehender, der Zeitung liest!

VATER: Wenn alles so schnell funktionieren würde wie dein Mundwerk, dann wären wir allerdings fein raus!

SOHN: Is das 'n Kompliment?

VATER: Nein!

SOHN: Jedenfalls – Mama sagt, was die Politiker wirklich haben wollen, das kriegen sie auch. Könnten wir alles schon längst haben, sagt sie, richtige Luft und schönes, klares Wasser, und ...

VATER: ... das Paradies auf Erden, ja! Traumtänzer! Traumtänzer alle miteinander!

SOHN: Die toten Fische an unserm See sind aber nicht geträumt. Charlys Vater sagt, das ist wie Fahrerflucht!

VATER: Wenn die Fische ans Ufer flüchten?! ...

SOHN *unbeirrt*: Fahrerflucht is, wenn jemand halbtot daliegt und man kümmert sich nich drum.

VATER: Also – wenn Charlys Vater schon in so wundervollen Bildern argumentiert, dann muß er wenigstens logisch bleiben! Fahrerflucht gibt's nur im Straßenverkehr und sonst nirgends.

SOHN: Und wie heißt das sonst, wenn man jemand nich hilft, der schon am Abnippeln is?

VATER: «Unterlassene Hilfeleistung» heißt das.

SOHN: Ach ja! Darüber haben wir auch schon mal in der Schule geredet. Fällt mir jetzt wieder ein. Und weißt du was? Da wird nicht bloß der bestraft, der schuld ist, daß da was passiert ist!

VATER: Wer denn sonst?

SOHN: Jeder, der sieht, was los ist und trotzdem nichts macht!

Hören oder Hinhören?

SOHN: Papa, Charly hat gesagt, sein Vater hat gesagt, die Menschen hören sich gar nicht mehr zu.

VATER *abwesend*: Was?

SOHN *laut*: Die Menschen hören sich nicht mehr zu!!

VATER *immer noch abwesend*: Wie? Die Menschen ...

SOHN: ... hören sich nicht mehr zu!

VATER: Na, du kannst dich ja wohl nicht beklagen. Ich möchte nicht wissen, wie viele Stunden meines Lebens ich schon damit zugebracht habe, dir zuzuhören.

SOHN: Ja, mit den Ohren.

VATER: Womit denn sonst?

SOHN: Na, irgendwie ... so mit innen.

VATER: Vielleicht mit dem Zwerchfell anstatt mit dem Trommelfell? Interessanter Aspekt!

SOHN: Also, Papa, du weißt genau, was ich meine.

VATER: Allerdings, ja: Du meinst, jeder Mensch auf dieser Erde, allen voran dein Vater, müßte in atemloser Spannung an deinen Lippen hängen, sobald du nur den Mund aufmachst! Und sei es auch nur, um zu fragen, was es zu Mittag gibt ...

SOHN: Von mir wollt ich ja gar nicht reden!

VATER: Hast du aber gemacht. Indem du mir unterstellst, daß ich dir nur mit den Ohren zuhöre. Als ob ich nicht mitdenken würde! Wie könnte ich dir antworten, wenn ich nicht mitdenken würde, wie?

SOHN: Klar denkst du mit. – Aber immer so als Vater ...

VATER: Ja, als was denn sonst? Vielleicht als ... Nasenbär

oder als Froschkönig? Damit du mal ein bißchen Abwechslung hast?

SOHN: Ach. – Ich meine, meistens hast du immer schon im Kopf, was du willst; und dann hörst du gar nicht mehr richtig zu, was ich sagen will.

VATER: Ich weiß ja meistens auch schon, was du sagen willst. Und das ist leider selten das, was ich für richtig halte. Zum Beispiel, deine Schularbeiten an das Tagesende zu verschieben.

SOHN: Aber wenn ich die Schularbeiten mal später machen will, dann hab ich doch immer Gründe! Und die hörst du dir dann gar nicht an.

VATER: Es sind ja auch immer dieselben Gründe.

SOHN: Gar nicht.

VATER: Wir werden sie mal aufschreiben, deine Gründe ...

SOHN: Is ja auch egal. – Aber Charly sagt, sein Vater sagt, die Politiker machen das auch so: die machen mit jemandem ein Gespräch, und dann hören sie überhaupt nicht zu.

VATER: Wenn sie nicht zuhören würden, dann würden ihre Antworten ja nie passen.

SOHN: Passen ja auch nie! Fast nie.

VATER: Jetzt maße dir bitte nicht eine derart überhebliche Kritik an erwachsenen Menschen an, mit denen du dich überhaupt noch nicht messen kannst!

SOHN: Ich will mich ja gar nicht messen. Aber das hast du selber gesagt – als die zwei Politiker neulich über Arbeitslose gerede haben!

VATER: Was hab ich gesagt?

SOHN: Daß die Antworten gar nicht gepaßt haben. Weil jeder bloß seinen eigenen Text runtergeredet hat!

VATER: Bei solchen Fernsehsendungen kommt es den Politikern ja auch in erster Linie darauf an, dem Zuschauer ihre eigene Position deutlich zu machen.

SOHN: Du meinst, da hören die sich sowieso nicht zu?

VATER: Sie hören sich schon zu; aber sie kennen die Argumente ihrer Gesprächspartner natürlich schon vorher.

SOHN: Vielleicht bilden sie sich das bloß ein? So wie du bei meinen Schularbeiten!

VATER: Hast du nicht gesagt, daß du von dir nicht reden willst?

SOHN: Ja doch. Aber Charlys Vater sagt auch, wenn einer die ganze Zeit, wo der andre redet, bloß drauf wartet, bis er selber wieder dran ist mit Quatschen, dann ist das kein Zuhören!

VATER: Mein Gott, wenn man miteinander redet, dann hört man mal zu und mal redet man selber. Wenn man nur zuhören würde, dann wär's ja kein Gespräch mehr! Da könnte der andere ja ebensogut aufs Tonband sprechen!

SOHN: Aber wenn man immer bloß dran denkt, wie man widersprechen kann, ist es auch kein Gespräch!

VATER *lacht*: Ich möchte Charlys Vater mal bei einer politischen Diskussion erleben! Der würde doch nur widersprechen!

SOHN: Aber er würde bestimmt auch zuhören. Vorher.

VATER: Na schön. Wir werden den Beweis beide nicht antreten können ...

SOHN: Jedenfalls – er sagt, wenn man nicht zuhören will, braucht man gar nicht erst zu reden. Da kommt dann sowieso nichts raus.

VATER: Es kommt schon was raus, keine Sorge! Irgendwann muß das ganze Gerede sowieso aufhören und es müssen Taten folgen.

SOHN: Was denn für Taten?

VATER: Entscheidungen eben. Politiker müssen doch Entscheidungen treffen.

SOHN: Hm. Aber wenn einer gar nicht zugehört hat, was die andern sagen, und er macht dann 'ne Entscheidung... dann machen die andern doch gleich wieder 'ne neue Entscheidung, oder?

VATER: Das ist eben das sogenannte freie Spiel der Kräfte.

SOHN: Du meinst, die spielen bloß?

VATER: Nein – das besagt, mal setzt sich der eine durch, mal der andere.

SOHN: Immer hin und her?

VATER: Nein doch. Eine gewisse gemeinsame Linie wird da schon eingehalten.

SOHN: Und wie kriegt man die raus, ohne Zuhören?

VATER: Also, jetzt paß mal auf: Wenn man etwas Vernünftiges zu hören bekommt – sei es als Politiker, sei es als Privatmensch –, dann hört man zu! – Wenn man dagegen schon weiß, daß man nur dummes Zeug hören wird – dann kann man sich das Zuhören sparen. Und zwar mit Recht!

SOHN: Woher weiß man denn, daß man nur dummes Zeug hören wird, wenn man gar nicht zuhört?

VATER: Das weiß man aus vorangegangenen Gesprächen! «Erfahrungswerte» nennt man das!

SOHN: Hm. Und wegen dieser Werte hörst du nie zu, wenn Frau Kulicke was zu dir sagt?

VATER: So ist es.

SOHN: Aber wenn sie nun doch mal was Kluges sagt?

VATER: Wird sie nicht, verlaß dich drauf...

SOHN: Unser kleiner Strauch ist jedenfalls eingegangen.

VATER: Welcher Strauch?

SOHN: Na der, den wir von der Reise mitgebracht haben.

VATER: Tja – der hat bei uns leider nicht genug Sonne gekriegt.

SOHN: Nee, der hat zuviel Sonne gekriegt.

VATER: Wer sagt das?!

SOHN: Frau Kulicke hat das gesagt.

VATER: Hab ich nicht gehört.

SOHN: Hat sie doch übern Zaun gesagt. Viel Schatten, hat

sie gesagt. Viel Schatten und wenig Wasser. Und du hast ihn in die Knallsonne gepflanzt und dauernd begossen!

VATER: Wer sagt denn überhaupt, daß Frau Kulickes Ratschlag richtig gewesen wäre? War vielleicht einfach zu schwach, der Strauch ...

SOHN: Frau Kulicke hat doch den gleichen. Der steht bei ihr im Schatten und blüht wie verrückt!

VATER: Na schön. Ich hab die weisen Ratschläge nicht gehört, hab vielleicht was falsch gemacht, und nun ist aus dem Strauch nichts geworden. Davon geht die Welt ja auch nicht unter!

SOHN: Nee, davon nich. Wegen dir und Frau Kulicke nich.

VATER: Na also.

SOHN: Aber wenn die Politiker das genauso machen?

948/5

Humor

Eine Auswahl

Heinz Erhardt
Unvergeßlicher Heinz Erhardt
Heiteres und Besinnliches (4245)

Ursula Haucke
Ich hab dir hundermal gesagt . . .
Heitere Erziehungstips zum Ernstnehmen (4953)

Elke Heidenreich
Darf's ein bißchen mehr sein?
Else Stratmann wiegt ab (tomate) (5462)

Humor seit Homer
Eine Sammlung der ältesten Witze (625)

Hans-Ulrich Indermaur
Aber Pappa!
Geschichten vom pfiffigen Dorle (5395)

Siegfried Munz
Sie hören die Morgenandacht
Geschichten aus der Bibel, respektlos nacherzählt von Pastor Siegfried Munz, illustriert von Hans Traxler (5123)

Fred Rauch
Mit dem Glockenschlag ist es 6 Mark 30!
Versprecher, Hörerwünsche, Stilblüten (4972)

Heinrich Spoerl
Man kann ruhig darüber sprechen
Heitere Geschichten und Plaudereien (401)

Hans Conrad Zander
Napoleon in der Badewanne
Amüsantes aus dem Müllhaufen der Geschichte (4390)